essentials

essentials liefern aktuelles Wissen in konzentrierter Form. Die Essenz dessen, worauf es als „State-of-the-Art" in der gegenwärtigen Fachdiskussion oder in der Praxis ankommt. *essentials* informieren schnell, unkompliziert und verständlich

- als Einführung in ein aktuelles Thema aus Ihrem Fachgebiet
- als Einstieg in ein für Sie noch unbekanntes Themenfeld
- als Einblick, um zum Thema mitreden zu können

Die Bücher in elektronischer und gedruckter Form bringen das Expertenwissen von Springer-Fachautoren kompakt zur Darstellung. Sie sind besonders für die Nutzung als eBook auf Tablet-PCs, eBook-Readern und Smartphones geeignet. *essentials:* Wissensbausteine aus den Wirtschafts-, Sozial- und Geisteswissenschaften, aus Technik und Naturwissenschaften sowie aus Medizin, Psychologie und Gesundheitsberufen. Von renommierten Autoren aller Springer-Verlagsmarken.

Weitere Bände in der Reihe http://www.springer.com/series/13088

Friedrich Glauner

Das zukunftsfähige Unternehmen

Wettbewerbsvorteile durch Wertschöpfungsvernetzung

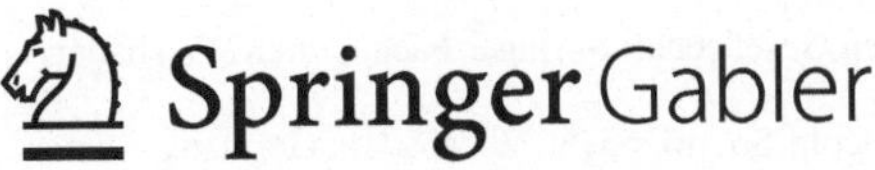

Friedrich Glauner
Cultural Images Wertemanagement
Grafenaschau, Deutschland

und

Weltethos-Institut, Universität Tübingen
Tübingen, Deutschland

ISSN 2197-6708 ISSN 2197-6716 (electronic)
essentials
ISBN 978-3-658-22798-2 ISBN 978-3-658-22799-9 (eBook)
https://doi.org/10.1007/978-3-658-22799-9

Die Deutsche Nationalbibliothek verzeichnet diese Publikation in der Deutschen Nationalbibliografie; detaillierte bibliografische Daten sind im Internet über http://dnb.d-nb.de abrufbar.

Springer Gabler

Gedruckt auf säurefreiem und chlorfrei gebleichtem Papier

Springer Gabler ist ein Imprint der eingetragenen Gesellschaft Springer Fachmedien Wiesbaden GmbH und ist ein Teil von Springer Nature
Die Anschrift der Gesellschaft ist: Abraham-Lincoln-Str. 46, 65189 Wiesbaden, Germany

Was Sie in diesem *essential* finden können

- Eine Anleitung für die gesteigerte Wettbewerbsfähigkeit von Unternehmen
- Die Darstellung der Prinzipien zukunftsfähigen Wirtschaftens
- Rezepte und Verfahren zur Entwicklung von Wertschöpfungsnetzwerken, zukunftsfähigen Geschäftsmodellen und ressourcenschöpfenden Mehrwertkreisläufen

Vorwort

Der beispiellose Erfolg unserer heutigen Art zu Wirtschaften stellt nicht nur immer mehr Unternehmen, sondern auch unsere modernen Gesellschaften vor grundlegende ökonomische, ökologische und soziale Herausforderungen. Sie zu meistern erfordert ein neues unternehmerisches Denken und Handeln. Unternehmer und Unternehmerinnen, die diesen Weg beschreiten, sind die zentralen Akteure einer Zivilgesellschaft, die mit Unternehmermut unsere Freiheit verteidigen, indem sie allen dienlich sind und Nutzen stiften. Ihr Handeln ist nicht nur das Vorbild für ein ganzheitlich verantwortliches Unternehmertum, sondern Vorbild für die Politik und alle sonstigen gesellschaftlichen Institutionen, die noch das alte Wirtschaftsmodell stützen und damit die Probleme befördern, auf die zukunftsfähiges Unternehmertum eine Antwort bereithält.

Dieses *essential* gibt Anleitung, wie solches neues Denken und Handeln konkret und ertragswirksam in Unternehmen verankert werden kann. Entstanden ist es als praxistaugliche Zusammenfassung des *„Tübinger Entwicklungsmodells zukunftsfähigen Wirtschaftens“*. Im Austausch mit Unternehmen und Praktikern wurde dieses Modell am Weltethos-Institut der Universität Tübingen vom Autor entwickelt. Unter dem Titel *„Ethikologie“* verknüpft es die ethischen und ökologischen Erfolgsprinzipien lebender Systeme mit dem betriebswirtschaftlichen und organisationspsychologischen Instrumentarium zur wertegetriebenen Steuerung von Organisationen.

Mein Dank gilt allen KollegInnen am Weltethos-Institut sowie allen Unternehmern und Unternehmerinnen, die schon heute zukunftsfähig wirtschaften und damit Vorbild sind. Namentlich ausdrücklich bedanken möchte ich mich bei meiner Kollegin Anna Tomfeah vom Weltethos-Institut. Sie gab die Anregung zu diesem *essentials*-Band und hat sein Entstehen mit vielfältigen Kommentaren, redaktioneller Unterstützung und Formulierungsvorschlägen maßgeblich begleitet.

Grafenaschau und Tübingen
21.5.2018

Friedrich Glauner

Inhaltsverzeichnis

Einleitung 1

Globalisierung, Digitalisierung, Automatisierung und neue Organisationsformen verändern alle Branchen, Märkte und Prozesse radikal. Zugleich stehen Unternehmen mehr denn je unter dem Druck, wachsen und sich in immer kürzeren Zyklen neu erfinden zu müssen. Wollen sie bestehen, ist neues Denken, sind neue Geschäftsmodelle und Strategien erforderlich – mit weitreichenden Konsequenzen für die Aufgaben erfolgreicher Unternehmensführung.

Zukunftsfähig werden jene Unternehmen sein, die einen Kontrapunkt zur Entwicklungsdynamik der entgrenzten Globalwirtschaft setzen. Mit ressourcenschöpfenden Netzwerken schaffen sie Mehrwert und befreien sich erfolgreich aus der heutigen Logik des Wettbewerbs. Sie besinnen sich auf den Zweck ihrer Notwendigkeit: *Wir benötigen Unternehmen dort, wo ein Nutzen gestiftet werden soll, den einer alleine nicht erwirken kann.* Man denke etwa an eine Operation am offenen Herzen, an das Löschen eines Hochhausbrandes, oder den Bau eines Passagierflugzeugs. *Mit Blick auf diese Nutzenstiftung zeigt sich das Wesen der Unternehmung nicht im Ziel, Erträge zu generieren, sondern in der Notwendigkeit organisierter Kooperation.* Diese gelingt nur dort ertragsstiftend, wo Unternehmen Werte schöpfen, mit denen sie sich als Hochleistungsteams (siehe Abschn. 3.3.1) organisieren. *Der Prozess der unternehmerischen Werteschöpfung markiert den zentralen Wertschöpfungsprozess, mit dem sich Unternehmen zukunftsfähig ausrichten.*

Die praktische Umsetzung dieses Wertschöpfungsprozesses ist das Thema dieses *essentials.* Sie wird in *drei Schritten* ausgerollt. Das Kapitel „Alter Wein in alten Schläuchen" beschreibt die Problemlage, vor der heute jedes Unternehmen steht. Das Kapitel „Werteschöpfung als Wertschöpfung" entfaltet die Logik zukunftsfähiger Unternehmensführung. Das Kapitel „Wertschöpfungsnetzwerke" benennt die Gesichtspunkte und Verfahren, wie Unternehmen diese Logik auf sich selbst anwenden können.

F. Glauner, *Das zukunftsfähige Unternehmen*, essentials,
https://doi.org/10.1007/978-3-658-22799-9_1

Überblick „Das zukunftsfähige Unternehmen"
Dieser *essentials*-Band beantwortet folgende Fragen

- Was sind die Herausforderungen, auf die Unternehmen zu reagieren haben, wenn sie auch morgen im Markt bestehen wollen?
- Wie lässt sich das eigene Unternehmen so weiterentwickeln, dass es diese Herausforderungen meistert?
- Wie erwirken Führungskräfte und EntscheiderInnen ein Denken und Handeln, das ihr Unternehmen zukunftsfähig werden lässt?
- Wie gestalten UnternehmerInnen den Paradigmenwechsel vom ertragsorientierten Prozessdenken zu einem Systemhandeln, das mehr Ressourcen schöpft als es verbraucht? Welchen Einfluss hat dies auf die Innovationskraft von Unternehmen?
- Wie kann eine Organisation Mehrwerte schöpfen, die das Unternehmen langfristig absichern? Wie verändert dies die Geschäftsmodelle und Unternehmensstrategien?
- Warum sind Unternehmen die zentralen Akteure für die Lösung der vielfältigen lokalen und globalen Probleme, die aus den heutigen Marktdynamiken und Wirtschaftsweisen entstehen?
- Weshalb sind ganzheitliche Verantwortung und werteorientiertes Handeln die Schlüssel für zukunftsfähigen Unternehmenserfolg? Wie wirken sie sich auf die Ertragslage von Unternehmen aus?

Alter Wein in alten Schläuchen: Herausforderungen der Unternehmensführung

2

Der ungebrochene Erfolg der heutigen technologiebasierten Geschäftsmodelle führt zu ungeahnten Chancen und Möglichkeiten und einem noch nie dagewesenen Wohlstand vieler. Zugleich führt die konsequente Fortschreibung der heutigen Wettbewerbslogik, das Mantra des „Schneller, Besser, Größer, Mehr“, dazu, dass viele ehemals erfolgreiche Geschäftsmodelle ersetzt werden und die politischen, ökologischen und sozialen Ressourcen der heutigen Wohlstandsmehrung zunehmend schwinden. Wollen Unternehmen bestehen, benötigen sie schon heute neue Strategien und Geschäftsmodelle, um diese Herausforderungen zu meistern.

2.1 Falsche Rezepte: Das Mantra des Wettbewerbs und das Paradox destruktiver Wohlstandsmehrung

Bringen wir die Zielsetzung der Betriebswirtschaft auf den Punkt, besteht ihre Lehre darin, Unternehmen wettbewerbsfähiger zu machen. Das Kriterium hierfür ist der Umgang mit *„Knappheit“*. Wettbewerbsfähiger sind Unternehmen, die aus dem Umgang mit und der Gestaltung von „Knappheit“ Erträge erwirtschaften. Dahinter steht die Vorstellung, dass wir Erträge nur dort erzielen, wo die eingesetzten Mittel geringer sind als der daraus erwachsende Rückfluss. In dieser Vorstellung vereinen sich die Zentralbegriffe der heutigen Wirtschaftslogik: *Ertrag, Knappheit, Wettbewerb* und *Wachstum*. Im ihrem Bann spekulieren alle Marktakteure darauf, mehr zu gewinnen, als sie investieren. Möglich wird dies durch drei Quellen von Wertschöpfung: erstens durch die Verzinsung von eingesetztem Kapital, zweitens durch das Abschöpfen der Kreativitäts- und

F. Glauner, *Das zukunftsfähige Unternehmen*, essentials,
https://doi.org/10.1007/978-3-658-22799-9_2

Innovationspotenziale menschlicher Arbeitskraft sowie drittens durch den Einsatz natürlicher und gesellschaftlicher Ressourcen, die von Unternehmen genutzt werden, ohne dass sie die dafür anfallenden Preise (Kosten) in vollem Umfang selbst tragen. *Wenn aber alle aus dem System mehr herausziehen wollen als sie in es einzahlen, führt dies dazu, dass alle systematisch danach streben, die Kosten ihres Wirtschaftens auszulagern (zu externalisieren). Am Ende führt dies zu einer sich mehr und mehr beschleunigenden Spirale der Konzentration von Marktmacht und Erträgen in der Hand von Wenigen und der Abreicherung von Mitteln und Ressourcen auf der Ebene des Systems als Ganzem.* Hierbei bekommen immer weniger Gewinner alles, finanziert durch die übergroße Zahl der Verlierer, die nichts mehr erhalten. Das führt zu den sich schon heute abzeichnenden politischen, ökonomischen, ökologischen und sozialen Verwerfungen, die unsere freiheitlichen Gesellschaften möglicherweise als Ganzes bedrohen.

„Gewinner-nehmen-alles"-Märkte und das Paradox destruktiver Wohlstandsmehrung

Die aus der heutigen Wettbewerbslogik entstehende Abreicherungsspirale aus Beschleunigung, Konzentration und Ressourcenraubbau kann exemplarisch am Unternehmen UBER verdeutlicht werden. Als Plattform für ein sogenanntes „Shared Economy"-Geschäftsmodell hat es aus Sicht vieler Unternehmen und auch der Gesellschaft als Ganzes mehr negative als positive Auswirkungen. Folgende Zahlenrechnung verdeutlicht dies, wobei alle Zahlen rein fiktiv auf der gleichen 10er-Basis gerechnet wurden, damit die Wirkungslogik disruptiver Geschäftsmodelle verständlich wird.

Der Markt für Taxi-Fahrdienstleistungen vor UBER: Weltweit gibt es vielleicht eine Million Taxiunternehmen mit insgesamt 10 Mio. beschäftigten Taxifahrern, die von ihren Fahrdienstleistungen leben. An 250 Arbeitstagen haben sie im Schnitt jeweils zehn Fahrten zu im Schnitt 10 € je Fahrt. Das ergibt 25 Mrd. Fahrten und einen erwirtschafteten Gesamtmarktumsatz von 250 Mrd. € pro Jahr. Hierauf fallen sagen wir kalkulatorisch 30 % Steuern an, also 75 Mrd. €, die von Staaten eingenommen werden und von denen beispielsweise Infrastruktur und andere staatliche Leistungen finanziert werden.

Der Markt für Taxi-Fahrdienstleistungen nach UBER: Mit seiner digitalen Plattform für privat vermittelte Fahrdienstleistungen verändert UBER den Taxi-Markt radikal. Jeder Autofahrer – sagen wir 100 Mio. Anbieter – kann über die

UBER-App Mitfahrende aufnehmen und so seine persönliche Fahrtenkasse entlasten. Auch die Mitfahrer profitieren. Sie entrichten für die Mitnahme einen Kostenbeitrag von sagen wir im Schnitt sechs Euro pro Fahrt. Damit sparen sie 40 % auf den regulären Taxitarif. Bei 25 Mrd. Fahrten pro Jahr wird so ein Gesamtmarktumsatz von 150 Mrd. € erzielt. Für die Bereitstellung der Plattform behält UBER 20 %, erhält also 30 Mrd. €. Hierauf entrichtet es kalkulatorisch 30 % Steuern. Der verbleibende Rest von 120 Mrd. wird auf die Fahrer aufgeteilt. Während UBER auf seine Erträge Steuern entrichtet, zahlen die Fahrer auf ihre Umsätze keine Steuern. Dennoch können sie von den erbrachten Leistungen nicht leben. In der Konsequenz dieses Geschäftsmodells bleibt UBER mit einer Quasi-Monopolrendite der einzige Gewinner. Denn die Nachfrager und Anbieter von Fahrdienstleistungen bleiben in diesem Geschäftsmodell lediglich nachrangige Nutznießer des Dienstleistungsangebots. Umgekehrt verlieren alle, die vom alten Geschäftsmodell profitiert haben und die Gesellschaft sogar doppelt, da den Staaten nicht nur eine beträchtliche Steuereinnahme wegfällt, sondern zusätzliche Kosten entstehen, die beispielsweise für die Umschulung der arbeitslos gewordenen Taxifahrer anfallen.

Die Modellrechnung für den Markt für Tax i-Fahrdienstleistungen

Der Markt	**Unternehmen**	**Fahrer**	**Taxifahrten**	**Gesamtmarktumsatz**	**Staatliche Steuereinnahmen**	**Einkommensfähiger Umsatz je Fahrer**
Vor UBER	1 Mio.	10 Mio.	25 Mrd.	250 Mrd. €	75 Mrd. €	25.000 €
Nach UBER	1	100 Mio.	25 Mrd.	150 Mrd. €	9 Mrd. €	1200 €

Das Beispiel UBER macht Schule: Auch alle anderen Märkte und Geschäftsmodelle werden heute von einem Technologieschub bedroht, der bei den Gewinnern wie Amazon, Apple, Google & Co. zu *Monopolrenditen* führt, mit denen ganze Märkte beherrscht werden. So verzeichnet eine Studie der Commerzbank aus dem Jahr 2015, dass angesichts neuer Entwicklungen und Plattformmodelle ein Viertel der 4000 befragten

Unternehmen für ihr bestehendes Geschäftsmodell schon heute keine Zukunft mehr sehen (Commerzbank 2015). Und im Handel gilt das sogar für mehr als 60 % aller Geschäftsmodelle. Als Konsequenz hiervon sehen Studien der Deutschen Bank, der ING-Diba-Bank sowie namhafter Berater von McKinsey und Wissenschaftlern aus Oxford und Boston, dass die neuen Technologien erstmals in der Wirtschaftsgeschichte zu keinem „Trickle Down"-Effekt führen, der die Erwerbstätigen an der Wertschöpfung beteiligt (Bryan und Farell 1996). Auch sehen sie, dass technologiebasierte Geschäftsmodelle sowie die Digitalisierung und Automatisierung möglicherweise mehr als die Hälfte der heute bestehenden sozialversicherungspflichtigen Arbeitsplätze bedrohen (Brynjolfsson und McAfee 2014; Frey und Osborne 2013; Kocic 2015; ING-Diba 2015). *Für die verbleibenden Unternehmen bedeutet dies, dass nicht nur ihre bisher erfolgreichen Geschäftsmodelle in Gefahr geraten, sondern dass ihnen zudem auch die Konsumentenbasis wegzubrechen droht.*

Verdichten wir diese Entwicklung zu einem Aktionsfeld, das unsere Wirtschaftspraxis beschreibt, ergibt sich *das Mantra des heutigen Wirtschaftens:*

Outwit, Outsmart, Outperform!
Be different, or die!
Be better, or vanish!

In dieser Gebetslogik wird der Wettbewerb im schlechtesten Fall zu einem Nullsummenspiel, bei dem immer weniger Gewinner alles und immer mehr Verlierer nichts mehr bekommen und im besten Fall zu einer Win-Win-Situation, aus der immer weniger beteiligte Akteure gemeinsame Vorteile ziehen, die auf Kosten Dritter und der Allgemeinheit finanziert werden. Für Unternehmen, die den Weg von UBER nicht beschreiten können, bedeutet dies, dass sie mehr und mehr in ihrer Existenz bedroht sind.

2.2 Die Sackgassen modernen Wirtschaftens: Schwarmdummheit, Fristigkeiten und Wachstum mit Sinnsurrogaten

Das Mantra des heutigen Wettbewerbs hat nicht nur Auswirkung auf die Gesellschaft, sondern ganz konkret auf das Handeln einzelner Unternehmen. Deutlich wird dies, wenn wir das Ziel, „wettbewerbsfähig" zu bleiben, auf die Handlungslogik der Unternehmensführung herunter brechen. Das oberste Ziel der Unternehmensführung ist die Vermeidung des „größten anzunehmende Unfalls" (GAU). Er ist das zwangsweise Ausscheiden aus dem Markt, sei es durch Insolvenz, durch feindliche Übernahme oder mangels eines tragfähigen Geschäftsmodells.

Bleiben Unternehmen im Mantra des heutigen Wettbewerbs gefangen, suchen sie dem GAU mit einer *paradoxen Strategie* zu begegnen. Sie streben danach, zugleich immer flexibler und unverwechselbar zu werden. Unter dem Schlagwort des „agilen" Unternehmens befeuern sie so „lemminghaft" schwarmdumm ein systemkonformes Handeln, das die Dynamik der Beschleunigung, Konzentration und Abreicherung antreibt. *Schwarmdummheit* ist ein Phänomen der kollektiven Verhaltensrückkopplung. Sie entsteht aus vorgreifenden Erwartungen und Überzeugungen, mit denen einzelne Menschen und Unternehmen das Handeln anderer Akteure beschreiben, sowie aus vorauseilenden Handlungen, mit denen sie auf diese Erwartungen reagieren. Dabei setzen sie eine Rückkopplungsschleife wechselweiser Verhaltensreaktionen in Gang, die zu sich selbsterfüllenden Prophezeiungen werden.

Konkret bedeutet dies, Unternehmen handeln heute zumeist schwarmdumm in drei Denkhaltungen. Sie sind zu hinterfragen, wenn sie zukunftsfähig werden wollen: Erstens das Denken in falschen Fristen, zweitens das Denken in Wachstumszwängen sowie drittens das Denken in Sinnsurrogaten.

2.2.1 Das falsche Fristendenken

Von John Maynard Keynes stammt das geflügelte Wort, dass wir auf lange Sicht gesehen alle tot sind, „weshalb die lange Sicht der falsche Maßstab für die laufenden Ereignisse" sei (Keynes 1923, S. 80). Keynes fordert uns damit auf, uns mit Hochdruck den kurzfristig anstehenden Problemen zu widmen. In Unternehmen nennt man das den Fokus auf das *Tagesgeschäft.* Gespiegelt wird dieses Kurzfristdenken im Sachverhalt, dass rund 90 % der Insolvenzanträge aufgrund von

Liquiditätsengpässen und nicht wegen Überschuldung gestellt werden. Kurzfristige Liquiditätssicherung ist deshalb das erste Gebot, das zwangsweise Ausscheiden aus dem Markt zu vermeiden. Eine drohende Überschuldung oder der Wegfall des ehemals erfolgreichen Geschäftsmodells lassen sich dagegen nur mit mittel- und langfristigen Maßnahmen verhindern. Dies erfordert einen strategischen Langfristfokus, der weit über den Tellerrand des Tagesgeschäftes blickt. Droht einem Unternehmen der Wegfall des Geschäftsmodells oder steht es vor der Situation einer Überschuldung, wurden nicht nur die Fehler vor langer Zeit gemacht, sondern es genügt dann auch nicht, mit kurzfristigen kosmetischen Entscheidungen die Lage drehen zu wollen. Und hier kommt das *Fristigkeitsdenken als zweite Herausforderung* daher. Kognitiv, also psychologisch und biologisch gesprochen, können wir Menschen den Verlauf von exponentiellen Entwicklungen sowie den Umschlag von sprunghaft eintretenden Ereignissen vor ihrem Eintritt nur sehr schlecht erkennen und wahrnehmen. Unser Hirn ist programmiert zu denken, dass das, was einmal erfolgreich war, wieder erfolgreich sein wird und dass das, was einmal eingetreten ist, wieder eintreten wird. Zugleich sind unsere psychologischen und biochemischen Belohnungssysteme darauf konditioniert, dass wir prinzipiell und systematisch kleine, jedoch kurzfristig winkende Belohnungen größeren vorziehen, die wir nur mit längerfristigem Aufwand erlangen. Der Spatz in der Hand ist uns allemal lieber als die Taube auf dem Dach, von der wir nicht wissen, ob wir sie morgen vielleicht in der Hand halten werden.

Nun ist es aber so, dass heute immer mehr Langfristentwicklungen wie etwa der strukturelle Wegfall bisher erfolgreicher Geschäftsmodelle zu Kurzfristereignissen werden, auf die Unternehmen zu reagieren haben. Und das gilt vielleicht in noch stärkerem Maß für die Folgen jener Entwicklungen, die unter den Stichworten Vermögenskonzentration, Ressourcenschwund, Artensterben, Klimawandel, Flüchtlingsströme zwar in aller Munde sind, jedoch im Rahmen unseres Kurzfristdenkens von uns zumeist ausgeblendet bleiben. *Zukunftsfähig werden jene Unternehmen, die den Fokus ihres Fristendenkens ändern: Erfolgreich bleiben sie, wenn sie mit ihren Geschäftsmodellen Lösungen anbieten, die den langfristigen Entwicklungen Rechnung tragen.*

2.2.2 Wachstum in gesättigten Märkten, Sinnsurrogate und das Fischen nach Dummen

Der Tendenz nach streben nicht wenige Menschen nach dem Zweitpartner und dem Drittwagen. Die meisten von uns haben jedoch keinen Bedarf an einem Vierttoaster, einer Fünftwaschmaschine oder einem Sechstplattenspieler. Sehen wir die heutigen Marktlagen mit nüchternem Blick, sind fast alle Märkte nicht nur gesättigt, sondern überflutet mit einem Überangebot, das noch nicht einmal von den vielen Suchmaschinen gesichtet, geschweige denn von Konsumenten konsumiert werden kann. Dies stellt Unternehmen vor Herausforderungen. Denn sie stehen im ökonomischen Zwang, auch in gesättigten Märkten wachsen und sich stets neu erfinden zu müssen. Hierzu überfluten sie die Märkte mit immer neuen Produkten und Leistungen, deren Nutzen oft nur noch ein Sinnsurrogat ist.

Sinnsurrogate und „das Fischen nach Dummen"

Um im Markt bestehen zu können, greifen Unternehmen vorzugsweise zur großen Erzählung, genannt Marketing: Ausgelobt wird ein unverwechselbares Verkaufsversprechen (USP = Unique Selling Proposition), das nur in der Vorstellungswelt existiert. So wird der bisher mit drei Klingen versehene Rasierer mit fünf Klingen ausgestattet und als „Turbo Power Glider" für eine „astrogalaktische Rasur mit erotischer Tiefenwirkung" beworben. USPs im heutigen ökonomischen Verständnis sind Sinn- und Nutzenversprechen, die es möglichst so zu positionieren gilt, dass bei den Kunden das Gefühl entsteht, es handele sich entweder um ein exklusives Gut, das man unbedingt haben will, oder um ein besonders unwiderstehliches „Schnäppchen", das man nicht auslassen möchte. Bei nüchterner Analyse dienen die Entwicklung von USPs und Positionierungsclaims jedoch zumeist dazu, im Grunde austauschbare Produkte möglichst hochpreisig kaufwirksam im Markt zu platzieren. Folgt man den Erfindern des Positionierungskonzeptes, Al Ries und Jack Trout, sind Positionierungen von USPs höchst kreative Erfindungen, mit denen ein Produkt beworben werden soll, um es in den Köpfen der Adressaten als ein Objekt zu verankern, das „Will haben"-Begierden weckt. Es sind „kosmetische Verschönerungen mit dem Ziel, eine gute Position in der Vorstellung der

Kunden zu sichern", wobei mit dem Produkt selbst eigentlich nichts unternommen wird (Ries und Trout 1986, S. 19, zitiert nach Großklaus 2015, S. 2). Die Positionierung ist eine künstlich erzeugte Bedeutungskulisse, die den Eindruck transportiert, den die Konsumenten von einem bestimmten Produkt haben sollen. Dabei handelt es sich bei dieser Alleinstellung lediglich um eine psychologische Chimäre, nämlich eine mit den Mitteln der Manipulation und Täuschung inszenierte Wertigkeit, mit der ein ansonsten austauschbares Produkt in übersättigten Märkten so aufgehübscht und positioniert wird, dass der Kunde es kauft. Der Nobelpreisträger George Akerlof und Robert Shiller bezeichnen dies als „Das Fischen nach Dummen" (Akerlof und Shiller 2015). Es ist für sie das Kennzeichen einer degenerierten Ökonomie, die ihre Nutzenversprechen systematisch auf Manipulationen und Täuschungen aufbaut.

Erschwert wird der Zwang, durch den Vertrieb von austauschbaren Produkten und Sinnsurrogaten wachsen zu wollen von dem Faktum, dass sich aufgrund der globalen Konzentrations- und Abreicherungsspiralen der Wohlstand in immer ungleicherem Maße verteilt. Wie das Beispiel UBER zeigt, teilt sich die Welt dabei zunehmend in eine Handvoll Leistungsträger und Nutznießer, die Zugang zum heutigen Überfluss, zu Wohlstand, Informationen und Chancen haben, und eine breiter werdende Mehrheit, der trotz eines relativ gesehen erheblichen Wohlstandszuflusses diese Chancen verwehrt bleiben. Sie verfügen nicht mehr über die Mittel und Einkommen, um ihre Bedürfnisse befriedigen und damit das von den Unternehmen benötigte Wachstum beflügeln zu können. Das „Fischen nach Dummen" führt so zu einer *Zwickmühle (Catch-22),* die Unternehmen noch weiter unter Druck setzt.

2.2.3 Der Catch-22 modernen Wirtschaftens

Analysieren wir den Kollaps von Märkten und Gesellschaften, gibt es ein Muster. Wie Wissenschaftler der NASA entdeckt haben (Motesharrei et al. 2014), kollabierten Gesellschaften in den vergangenen Jahrtausenden an einem von zwei mathematisch kalkulierbaren Sachverhalten. Entweder zerstörten sie, wie die Kultur der Osterinseln ihre Ressourcengrundlagen, oder das Maß an Ungleichheit innerhalb der Gesellschaft führte zu einem Umbruch, wie etwa in Frankreich zu Zeiten der Französischen Revolution. Im Unterschied zu früher schaukeln sich in der heutigen Globalisierung erstmals in der Geschichte der Menschheit beide Sachverhalte wechselweise auf. Das Mantra des Wettbewerbs führt so in eine kollektiv und global wirksam werdende Abreicherungsspirale aus Preisdruck, Konzentration, Ressourcenraubbau und gesellschaftlichen Verwerfungen, die ebenfalls zunehmend auf die Überlebensfähigkeit einzelner Unternehmen zurückschlägt (Abb. 2.1).

Angesichts dieser Entwicklung *erfordert unternehmerische Zukunftsfähigkeit, dass sich Unternehmen von den mentalen Denkmustern und Hürden befreien, die das ökonomische Denken an Knappheit, Ertrag, Wettbewerb und Wachstum binden und so das unternehmerische Handeln in schwarmdumme Verhaltensmuster zwängen,* an denen sie selbst zu scheitern drohen.

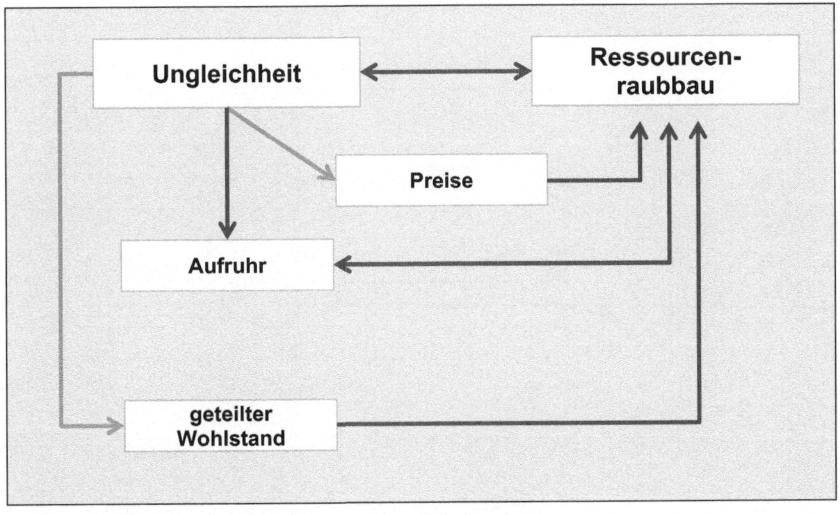

Abb. 2.1 Der Catch-22 destruktiver Wohlstandsmehrung

3 Werteschöpfung als Wertschöpfung: Die Logik zukunftsfähiger Unternehmensführung

Stellvertretend für die Zunft der Unternehmenslenker bemüht der Management-Guru Reinhard Sprenger eine scheinbare Selbstverständlichkeit, die doch nur ein Märchen ist: „»Wirtschaften« kommt von »Wert schaffen«“ (Sprenger 2012, S. 17). Wie andere Märchen, etwa das, dass der Storch im Frühjahr die Kinder bringt, ist auch diese Behauptung falsch. *Das Wesen der Unternehmung besteht nicht darin, Werte zu schaffen und Erträge zu generieren, sondern einen Nutzen zu stiften, der trägt. Konzentrieren wir uns auf den Ertrag und nicht auf das, was den Ertrag erst ermöglicht, die Nutenstiftung, verfehlen wir den Grund, weshalb es Unternehmen gibt.*

3.1 Das Unternehmen als Notwendigkeit

Doch warum gibt es Unternehmen? Was begründet ihre Notwendigkeit? Die bündige Antwort lautet: Menschen gründen Unternehmen, um mit Menschen für Menschen einen Nutzen zu stiften, den einer alleine nicht erzeugen kann. Die Notwendigkeit eines Unternehmens entspringt der Aufgabe, ein komplexes Problem beheben zu wollen, dass das Zusammenspiel mehrerer Menschen erfordert. Begreifen wir den Kern dieser Notwendigkeit, verstehen wir das Wesen des Unternehmens. *Unternehmen sind zunächst und primär Kooperationssysteme. In ihnen müssen Menschen mit Menschen zusammen wirken, damit für Menschen eine Not gewendet, sprich ein substantieller Nutzen gestiftet werden kann.* Aus diesem Wesenskern entspringt die ***Notwendigkeitsformel der Unternehmung.*** Analog zur chemischen Formel H_2O für das Lebenselixier Wasser lautet sie

$$H_3O$$

Humans with Humans for Humans in need of Organisation.

F. Glauner, *Das zukunftsfähige Unternehmen*, essentials,
https://doi.org/10.1007/978-3-658-22799-9_3

In dieser *Lebensformel der Unternehmung* stehen die ersten beiden Hs für die *Kooperationskraft,* die im Unternehmen zwischen den beteiligten Menschen entfaltet werden muss (‚Humans *with* Humans‘). Das dritte H bezeichnet sodann den *Dienlichkeitsfokus* und mit ihm die Nutznießer und Adressaten, für die sich das Unternehmen dienlich macht (‚Humans *for* Humans‘). Sie und nur sie begründen das Existenzrecht des Unternehmens. Analog zu den beiden Teilen Wasserstoff, die sich nur in Verbindung mit einem Teil Sauerstoff zum wirkmächtigem Elixier „Wasser“ verbinden, kann sich ein Unternehmen nur dann als Leistungsversprechen konkretisieren, wenn ein kritisches Element hinzukommt: die *Organisation.* Vergleichbar mit dem hochreaktiven Sauerstoff wirkt die Organisation als das reaktive Medium, in dem sich die Dynamik des ‚Humans *with* Humans‘ zu einer konkreten Wertschöpfung, dem ‚Humans *for* Humans‘ transformiert. In dieser Lebensformel ist die Form des Unternehmens immer eine Variable seiner Funktion, d. h. Ausdruck der realen Nutzenstiftung, die das Unternehmen *für Dritte!* leistet. Das aber bedeutet: *Jede Organisation ist zunächst und primär ein Raum, der sich über Werte organisiert.* Zu ihnen gehören erstens die Werte der Unternehmenskultur, mit denen sich das Unternehmen als Leistungsteam organisiert sowie zweitens die Werte, die das Nutzenversprechen definieren, mit dem sich ein Unternehmen für seine Nutznießer engagiert. Aus dieser doppelten Wertefunktion leitet sich die ***Erfolgsformel des Unternehmens*** ab. Sie lautet:

$$\mathbf{H_3O_SN}.$$

Dabei steht das „sN“ für die *„substantielle Nutzenstiftung“*, die die Organisation erbringt.

Mit Blick auf die unternehmerische Erfolgsformel „H_3O_sN“ wird nun auch klar, weshalb nicht nur Reinhard Sprengers Hinweis „»Wirtschaften« kommt von »Wert schaffen«“ zu kurz greift, sondern auch das ökonomische Glaubensbekenntnis, dass die Shareholder, also die Unternehmenseigner und Finanziers die zentrale Adressaten und Nutznießer des Unternehmens seien. Auch dieses Glaubensbekenntnis befördert das falsche Denken in Kategorien des EGO, des Wettbewerbs, der Knappheit und von Erträgen.

Stellen wir das Ertragsbild vom Kopf auf die Füße, kommt der *ökonomische Wesenskern der Unternehmung* in den Blick: *Unternehmen können Werte nur dort schaffen, wo sie einen Nutzen stiften, der Kunden so viel wert ist, dass sie ihn zu ertragsstiftenden Konditionen erwerben.* Aus dieser Einsicht sowie aus der Erfolgsformel „H_3O_sN“ leitet sich der *zentrale Merksatz für jede werteorientierte Unternehmensführung* ab:

Ertrag und Erfolg sind die Folge einer Nutzenstiftung,
die sich nicht mit Ertrags- und Erfolgskennzahlen messen lässt!

Und dieser Merksatz führt uns zur ***Erfolgsformel zukunftsfähiger Unternehmen.*** Sie lautet:

$$H_3O_SN^4$$

*Zukunftsfähig werden jene Unternehmen sein, die mit ihren Produkten und Leistungen nicht nur für Dritte einen substantiellen **Primärnutzen** bieten, der von Kunden zu ertragsstiftenden Konditionen erworben wird, sondern die mit ihren unternehmerischen Leistungen darüber hinaus in dreifacher Hinsicht einen **Sekundärnutzen** stiften, der auf allen Ebenen des Unternehmens und seiner Umgebungssysteme Mehrwerte schöpft.* Diese Mehrwerte sind das Teilhabe-, Befähigungs- und Ressourcenschöpfungspotenzial, das vom Unternehmen zusätzlich zum geleisteten Primärnutzen gehoben wird (siehe Abschn. 3.3.3) Ist das der Fall, tragen Unternehmen mit ihren Leistungen dazu bei, dass die im ersten Kapitel beschriebene Abreicherungsdynamik des heutigen Wirtschaftens erfolgreich durchbrochen werden kann. *Zukunftsfähige Unternehmen aktivieren hierzu den menschlichen Faktor auf eine Weise, dass im Unternehmen eine Bewusstseinskultur zur Schöpfung von Mehrwertkreisläufen entsteht.*

Der Treibstoff zukunftsfähiger Geschäftsmodelle: Bewusstseinskapital

Bewusstsein ist heute die Basisressource für die Schlüsseltechnologien und Geschäftsmodelle der Zukunft. Sie ersetzt die Basisressourcen, mit denen die bisherigen Schlüsseltechnologien der Industriegesellschaften befeuert wurden: Kohle für die Dampfmaschinen der industriellen Revolution; Kohle/Stahl für die Eisenbahnen und Schiffe der Transportindustrien des 19. Jahrhunderts; Erze, fossile Brennstoffe und chemische Substanzen für die elektrotechnische und chemische Industrie ab Anfang sowie die Automobil- und Petrochemie ab Mitte des 20. Jahrhunderts; Daten, Informationen und Wissen für die heutigen Industrien der Automatisierungs-, Datenverarbeitungs- und Informationstechnologien sowie die Life-Sciences.

„Bewusstsein" als Basisressource der Märkte von morgen wirkt sowohl auf der Anbieterseite als auch auf der Konsumentenseite als Innovationstreiber. Dies ist dem Umstand geschuldet, dass Unternehmen auch zukünftig ihre Geschäftsmodelle auf hart umkämpfte Märkte ausrichten müssen. Hierbei gilt es, im globalen Wettbewerb Produkte zu verkaufen, die der Art und Zahl nach oft austauschbar sind. Bewusstsein spielt in diesem Zusammenhang eine zwiespältige Rolle:

Für Unternehmen, die dem Mantra der alten Wettbewerbslogik verhaftet bleiben, ist Bewusstsein das Vehikel, um mit den Mitteln der Medienpsychologie emotional aufgehübschte Sinnversprechen zu inszenieren. Zu Markenräumen verdichtet und operationalisiert, sollen sie beim übersättigten Kunden Anreize und Begehrlichkeiten auslösen, die den Konsum befördern.

Für Unternehmen, die sich auf die Notwendigkeiten der Märkte von morgen einlassen, ist Bewusstsein mehr als nur das Vehikel für die konsumrauschgetriebene Inszenierung von Sinn. Bewusstsein ist für sie der Motor und das Medium zur Entwicklung völlig neuer Geschäftsmodelle. Diese zahlen auf die Leitthemen der Zukunft ein, darunter die Fragen, wie auf globaler Ebene Teilhabe-, Befähigungs- und Ressourcenschöpfungsprozesse in Gang gebracht werden können, die dazu führen, dass die heutigen Abreicherungsspiralen aus Beschleunigung, Konzentration und Ressourcenraubbau mit ertragsstiftenden Geschäftsmodellen erfolgreich durchbrochen werden können.

3.2 Menschen: Treiber des Erfolgs

Vergegenwärtigen Sie sich den letzten Jahresabschluss Ihres Unternehmens. Wie würde sich das Zahlenwerk ändern, wenn Sie bei gleichbleibenden Kosten in allen Bereichen Ihrer Unternehmung fünf Prozent effektiver und effizienter gewesen wären? Und wie würden sich die Zahlen weiter entwickeln, wenn vergleichbare Steigerungen auch in den kommenden Jahren erzielbar würden? Bekommen Sie leuchtende Augen? Falls ja, blicken Sie folgender Wahrheit ins Gesicht: Sie konzentrieren sich auf die falschen Werte. Und damit verfehlen Sie den Hebel, mit dem Sie das angesprochene Potenzial heben können: die Menschen, mit denen Sie für Menschen einen Nutzen stiften wollen.

Werden wir konkret: Laut den jährlichen Erhebungen des Marktforschungsinstituts Gallup zur Loyalität und Leistungsbereitschaft von Mitarbeitern (Gallup Loyalitätsindex 2017), gilt seit mehr als zehn Jahren über alle Unternehmen und Branchen hinweg folgendes: 15 % aller in Deutschland beschäftigten Mitarbeiter haben innerlich gekündigt. Sie sorgen für einen volkswirtschaftlichen Schaden, den Gallup mit bis zu 100 Mrd. € pro Jahr beziffert. Weitere 70 % aller Beschäftigten machen lediglich Dienst nach Vorschrift. Der Schaden aus dieser Leistungsverweigerung kann nicht beziffert werden, wird aber wohl deutlich höher sein als jener, der durch die Mängelleistungen der innerlich Gekündigten entsteht. Nur der verbleibende Rest der Mitarbeiter, also lediglich 15 % der Arbeitnehmerschaft, engagiert sich mit Herz, Hirn und Hand loyal für das Unternehmen. Und das ist der Durchschnitt! Bei vielen Unternehmen fällt diese Quote noch deutlich schlechter aus, da es auch solche gibt, die den Schnitt heben. So verzeichnet beispielsweise die Hilti AG eine Quote, bei der sich mit 70 % weit mehr als die Hälfte der weltweit rund 28.000 Mitarbeiter loyal für ihr Unternehmen engagieren.

In Zahlen gesprochen bedeutet der Gallup-Befund, dass von100 € Personalaufwand (bei den meisten Unternehmen der größte Kostenblock) 15 € direkt in die Toilette wandern. Weitere 70 € des eingesetzten Kapitals verzinsen sich nicht. Lediglich 15 € erwirtschaften eine Rendite. Allein die Umwandlung der innerlich Gekündigten zu Mitarbeitern, die Dienst nach Vorschrift leisten, sorgt dafür, dass das Unternehmen in allen seinen Leistungen und Prozessen 15 % leistungsfähiger wird. Und das bei gleich bleibenden Kosten! Und das führt uns zurück zur Wahrheit, der es ins Gesicht zu blicken gilt. *Um etwas zu verdienen, müssen wir in der Regel hart arbeiten. Das gilt auch für die Gewinnung loyal engagierter Mitarbeiter, Kunden und Geschäftspartner.* Wenn also Unternehmen über die Güte ihrer Kunden, Lieferanten oder Mitarbeiter lamentieren und feststellen, dass die Leistungsbereitschaft der Belegschaft lediglich dem von Gallup genannten Schnitt entspricht, dann gilt auch für sie die Erkenntnis: *Jedes Unternehmen hat die Mitarbeiter und Kunden, die es verdient! Und daran hat es hart gearbeitet!*

Was aber ist der Schlüssel, mit dem das in fast jedem Unternehmen schlummernde Leistungspotenzial der Menschen gehoben werden kann? Die Werte und Güte der Unternehmenskultur. Was aber befördert diese? Der Mythos besagt, ethische Werte und eine menschorientierte Unternehmenskultur. Das ist zwar richtig, und doch auch falsch. Nehmen wir die zehn Gebote.

Die Leitbildfalle oder „Warum gibt es die zehn Gebote?"

Wenn wir uns fragen, warum es die zehn Gebote gibt, lauten die meisten Antworten, sie helfen uns Recht und Ordnung zu wahren. Das ist richtig, greift aber zu kurz. Denn worauf machen die zehn Gebote aufmerksam? Auf das, was wir nicht sind. Indem sie darauf hinweisen, wie wir uns verhalten sollen, unterstreichen sie, was wir oft nicht tun. Als Anleitung für ein Leben in sittlich geordneten Bahnen machen sie deutlich, dass wir uns allzu oft eher unsittlich benehmen. Warum also gibt es die zehn Gebote? Es gibt sie, weil die Kirche eine Gemeinde der Sünder ist. Deshalb erinnern uns die zehn Gebote daran, wie wir sein sollen und machen damit darauf aufmerksam, wie wir faktisch sind.

Was für die zehn Gebote gilt, gilt allzu oft auch für Unternehmensleitbilder:

Unternehmensleitbilder transportieren zumeist
den Hinweis, was das Unternehmen nicht ist!

Spöttisch gesagt, machen die in Empfangsbereichen, Fertigungshallen und Kundenbroschüren ausgelobten Unternehmenswerte vielfach erst deutlich, wo Handlungsbedarf besteht. Das inflationäre Ausloben von Ehrlichkeit, Engagement und Kundenorientierung benennt vielfach das, was in Wahrheit im Argen liegt.

Die *Leitbildfalle* schnappt zu, wenn Unternehmen mit ihren Werten nach innen und außen ein Bild zeichnen, das nicht den Nutzen benennt, für den das Unternehmen eintritt, sondern die Mängel und Fehler, von denen das Unternehmen befallen ist. Das Leitbild verliert dann seine Glaubwürdigkeit und Zugkraft. Anstatt anzuspornen befördert es den Zynismus und trägt dazu bei, dass Beschäftigte innerlich kündigen oder lediglich Dienst nach Vorschrift machen.

Was also befördert Unternehmenskulturen, die zu Loyalität und Mitarbeiterengagement führen? Die überraschende Antwort ist *ökonomischer* Natur: das im Unternehmen wirkende Sozialkapital. Folgt man der Nobelpreisträgerin Elinor Ostrom und dem Soziologen Richard Sennett, besteht das Sozialkapital eines Unternehmens aus dem Grundstock an gelebtem Vertrauen, Loyalität und Kooperationswillen, beispielsweise beim informellen Austausch von Wissen oder der wechselweise freiwillig gelebten Unterstützung zwischen den KollegInnen (Ostrom 2000; Sennett 2007). Was aber befördert solches Verhalten? Weniger sind es ethische Werte als vielmehr zehn *funktionale* Führungsprinzipien. Sie müssen gelebt werden, wenn sich im Unternehmen ein gesunder Sozialkapitalstock ausbilden soll:

- auf der *Sachebene* sind es die sachbezogenen Prinzipien von *Fairness, Verlässlichkeit, Achtung* und *Respekt;*
- auf der *Beziehungsebene* sind es die menschbezogenen Prinzipien von *Verantwortung, Vertrauen* und *Verbindlichkeit;*
- auf der *Organisationsebene* sind es die funktionsbezogenen Prinzipien von *Offenheit, Transparenz* und *Konsequenz.*

Werden diese zehn funktionalen Führungsprinzipien sachlich, fürsorglich und beteiligend in Szene gesetzt und selbstbezogenes, machtorientiertes und ausgrenzendes Verhalten transparent und konsequent unterbunden, entwickelt sich eine Kooperationskultur, die nicht nur das Sozialkapital des Unternehmens wachsen lässt. Denn mit der Ausbildung eines hohen Grundstocks an Sozialkapital gehen signifikante *ökonomische Wertschöpfungseffekte* einher. Dazu gehören reduzierte Transaktionskosten. Sie sinken, weil Aufwendungen für Konflikte, Mitarbeiterfluktuation, Kranktage und Ausfallzeiten deutlich reduziert werden können (Badura et al. 2013). Relevanter als solche *Kosteneffekte* sind jedoch *Leistungseffekte.* Sie entstehen, wenn der im Unternehmen wirkende Sozialkapitalstock ausgebaut wird und wächst. Die dadurch freigesetzten Kooperationseffekte beflügelt direkt die gesteigerte Innovations-, Leistungs-, Wettbewerbs- und Zukunftsfähigkeit des Unternehmens.

Kontinuierliche Verbesserung als Hochleistungsprozess
Das in dritter Generation geführte Familienunternehmen **Schmalz GmbH** aus Glatten beschäftigt weltweit rd. 1200 Mitarbeiter, davon rd. 850 in Deutschland. Mit seinem Fokus auf teamorientierte Kooperation hat Schmalz eine Kultur der kontinuierlichen Verbesserung entwickelt, bei der im Schnitt zehn Verbesserungsvorschläge pro Mitarbeiter und Jahr eingereicht werden. In eigenverantworteter Selbstorganisation der Teams und Abteilungen werden 90 % dieser Vorschläge innerhalb von zwei Wochen umgesetzt. Möglich wurde dies durch eine das Sozialkapital stärkende Führungskultur, die den genannten zehn Führungsprinzipien verpflichtet ist. Mit einem Stamm von aktiv und eigenverantwortlich für Schmalz eintretenden Mitarbeitern ist das Unternehmen seit langem Weltmarkt- und Innovationsführer in seinen Geschäftsfeldern der Vakuumtechnologie.

3.3 Ethikologische Werteschöpfung: Das zukunftsfähige Unternehmen

Werte sind zwar in aller Munde und mit Blick auf das von Unternehmen benötigte Sozialkapital auch der zentrale Treibstoff, mit dem sich Unternehmen als Hochleistungsorganisationen entwickeln und zukunftsfähiges Bewusstseinskapital erschließen können, aber *Werte sind keine Selbstläufer.* Werden Unternehmen von den falschen Werten getragen (etwa vom kurzfristigen und selbstbezogenen Denken in Renditen), erwirken sie das Gegenteil von unternehmerischer Zukunftsfähigkeit. *Und schlimmer noch: allzu oft entpuppen sich gerade jene Unternehmen und Menschen, die ihre Werte wie eine Monstranz vor sich hertragen, als Scharlatane und Betrüger.* Zudem gilt: *Unternehmen sind keine Kirchen! Es sind Organisationen, die einen handfesten Nutzen stiften wollen.* Was also sind die richtigen Werte? Jene, die das Unternehmen zukunftsfähig machen:

Zukunftsfähig sind Unternehmen,
die ihr Nutzenversprechen und den Werteraum des Unternehmens
am Prinzip der ethikologischen Mehrwertstiftung ausrichten!

3.3.1 Das kleine Einmaleins der Unternehmensführung: Hochleistungsteams

Unternehmen sind Veranstaltungen, bei denen Menschen mit Menschen zusammen wirken, um für Menschen einen Nutzen zu stiften. Wirklich erfolgreich gelingt dies nur, wenn der Austausch zwischen diesen Menschen von Werten getragen wird, die das Prinzip der Kooperation beflügeln. Über alle Kulturen hinweg hat sich hier ein Kanon von Werten herausgebildet, der besonders zweckdienlich ist, um Kooperation und den Aufbau von Sozialkapital zu beflügeln. Es ist der von Hans Küng in seinen Büchern „Projekt Weltethos“ und „Handbuch Weltethos“ (Küng 1990, 2012) herausgearbeitete Kanon der Weltethos-Werte.

Weltethos als Treiber für Hochleistungsteams
Der Kanon des Weltethos besteht aus zwei Prinzipien und vier Grunddimensionen des menschlichen Handelns. Das erste ist das Prinzip der Humanität. Es besagt, dass jeder Mensch eine unveräußerliche und unantastbare Würde besitzt und deshalb menschlich behandelt werden soll. Das zweite ist das Prinzip der Gegenseitigkeit, wie es umgangssprachlich in der Goldenen Regel und ihrem Spruch „Was du nicht willst, das man dir tut, das füg’ auch keinem anderen zu“ zum Ausdruck kommt. Diese beiden Grundprinzipien eines humanen Miteinanders werden durch vier Grunddimensionen des Weltethos qualifiziert: erstens durch den Wert der Gewaltlosigkeit und der Achtung vor dem Leben, zweitens durch die Werte der Gerechtigkeit und Solidarität, drittens durch die Werte der Wahrhaftigkeit und Toleranz sowie viertens durch die Werte der gegenseitigen Achtung und Partnerschaft.

Die Kraft der Weltethos-Werte liegt darin, dass sie als Begleitwerte einer funktional leistungsorientierten Unternehmenskultur dafür sorgen, dass die schon beschriebenen Führungstugenden jederzeit sachorientiert, fürsorglich und beteiligend in Szene gesetzt werden. Ist das der Fall, können in folgenden Bereichen erhebliche *Leistungseffekte* und *Wertschöpfungspotenziale* gehoben werden:

1. beim Umgang mit *Komplexität* und *Vielfalt* (Umgang mit *Diversität*),
2. bei der Entwicklung von *Hochleistungsteams,*
3. bei *Innovationen* und in der *Unternehmensentwicklung* (positive Nutzung menschlicher und kultureller Differenzpotenziale für Innovationen und Wachstum),
4. beim Aufbau *interkultureller Teams,*
5. bei der Ausgestaltung unverwechselbarer *Unternehmenskulturen* sowie
6. bei der Senkung von *Konfliktkosten* (werteorientierte Kanalisierung von Konfliktpotenzialen).

Die Bedeutung der Weltethos-Werte für das kleine Einmaleins der Unternehmensführung wird deutlich, wenn wir die oben angesprochenen Herausforderungen betrachten, vor denen Unternehmen stehen: Angesichts des sich ständig beschleunigenden technologischen Fortschritts sind Unternehmen aufgefordert, zugleich immer flexibler und in ihren Produkten und Dienstleistungen unverwechselbar zu werden. Dabei werden im globalen Wettbewerb immer mehr Produkte und Dienstleistungen imitiert. Dadurch steigt der Druck auf Margen und Erträge. Der Wettlauf um geeignetes Personal sowie die Übernutzung der globalen Ressourcen und ein verändertes Verbraucherverhalten fordern sie zusätzlich. Zudem führt die mit den Mitteln der Informationstechnologien befeuerte Flut an Informationen zu einer wachsenden Unübersichtlichkeit. Sie geht einher mit einem Marktgeschehen, bei dem mehr und mehr Produkte und Dienstleistungen angeboten werden als Konsumenten erfassen und erwerben können.

Die Lösung dieser Herausforderungen erfordert von allen Beteiligten ein leistungsorientiertes Kooperationsverhalten, das nur dann erfolgreich ausgebildet werden kann, wenn der Umgang im Unternehmen auch an den Weltethos-Werten orientiert bleibt. Denn *die leistungsorientierte Kooperation zwischen Menschen und Gruppen mit unterschiedlichsten Fähigkeiten, Fertigkeiten und Werten kann für ein Unternehmen nur dann fruchtbar gemacht werden, wenn der Umgang zwischen allen Beteiligten auch an den Weltethos-Werten ausgerichtet wird.* Nur dann können die in jedem Unternehmen wirkenden Differenzen und Unterschiede als ein Potenzial entwickelt werden, mit dem das Unternehmen leistungsfähiger wird.

3.3.2 Das große Einmaleins der Unternehmensführung: Mehrwertkreisläufe

Wollen Unternehmen zukunftsfähig werden, ist mehr erfordert als das kleine Einmaleins der Unternehmensführung. Deutlich wird dies, wenn wir uns auf der Grundlage der Formel für zukunftsfähigen Unternehmenserfolg „$\mathbf{H_3O_sN^4}$" *das Wesen des Wirtschaftens* vergegenwärtigen. Es *besteht in der nutzenstiftenden Gestaltung von Austauschbeziehungen. Was aber ist das Leitbild für zukunftsfähige Austauschbeziehungen?* Die Antwort liefert uns *das wohl erfolgreichste Austauschsystem der Erde: die Natur.*

Die Natur als Leitbild für die Wirtschaft

Den Schlüssel, den die Natur für zukunftsfähiges Wirtschaften liefert, erhalten wir, wenn wir uns nochmals der Frage des zwangsweisen Ausscheidens aus dem Markt zuwenden. Unternehmen scheiden zwangsweise aus dem Markt, wenn sie illiquide, überschuldet oder nicht mehr wettbewerbsfähig sind. Hieraus leitet sich der Charles Darwin zugeschriebene Sinnspruch des Wettbewerbs ab: „Survival of the fittest!" Die Fittesten sind in diesem Sinnspruch jene, die im Austausch knapper Ressourcen Gewinne erzielen. Sechs ökonomische Glaubenssätze prägen diese Vorstellung:

1. Menschen und Unternehmen sind rationale Nutzenmaximierer.
2. Güter und Mittel (Ressourcen) sind knapp.
3. Im Kampf um knappe Güter und Mittel stehen Menschen und Unternehmen im Wettbewerb.
4. Die für alle Beteiligten optimale Form des Wettbewerbs erfolgt in freien Märkten, die den Regeln von Angebot und Nachfrage folgen.
5. Wettbewerbsvorteile im profitorientierten Kampf um knappe Güter und Mittel führen zu Profiten, die wiederum als Mittel im Wettbewerb einsetzbar sind.
6. Kreativität und Intelligenz können Mittelknappheit ersetzen, sodass die Entwicklung neuer Geschäftsmodelle selbst angestammte „Platzhirsche" vom Markt fegen kann.

Verdichten wir diese Vorstellungen zu einem Aktionsfeld, ergibt sich die *Darwin-Falle* des heutigen Wirtschaftens. Darwin-Fallen entstehen überall dort, wo individuelles Verhalten zu Vorteilen im Wettbewerb führen, die auf lange Sicht gesehen für die Gruppe als Ganzes zum Nachteil werden.

Die Darwin-Falle der Ökonomie besteht in folgender Abreicherungsspirale, bei der Erträge konzentriert und die dafür anfallenden Kosten wo möglich externalisiert werden:

- Aufgrund von sich verstärkenden Rückkopplungseffekten führt der Wettbewerb um knappe Güter zur *Konzentration* der Mittel, wobei der technologische Wandel diesen Prozess beschleunigt und globalisiert.
  - Hierdurch kommen *Preise* sowie in globalem Maßstab immer mehr *Arbeitsplätze* sowie eine *breite, kleinstrukturierte Unternehmenslandschaft* unter Druck.
    - Dem steigenden Preis- und Wettbewerbsdruck treten Unternehmen bevorzugt mit der *Senkung der Produktionskosten* (Reduktion der Faktoren Arbeit und Ressourcen, Auslagerung in die nachgelagerte Supply Chain, Billiglohnfertigung an Standorten mit keinen oder geringen Sozialstandards und Umweltauflagen), gesteigertem *Wachstum durch Sinnsurrogate* oder die Entwicklung disruptiver Geschäftsmodelle entgegen.
      - Disruptive Geschäftsmodelle sowie der Zwang, mit immer günstigeren Produkten wachsen zu müssen, beschleunigen auf globaler Ebene sowohl die *Erosion von Ressourcen* als auch die *Einkommen* von Zuliefererbetrieben und Beschäftigten.
        - Diese Erosion der globalen Ressourcen- und Einkommensbasis heizt die Spirale aus Wachstum, Konzentration und Ressourcenraubbau weiter an.

Der Ausweg aus dieser Darwin-Falle erschließt sich, wenn wir die Natur nicht mit einer ökonomischen, sondern mit einer ökologischen Brille betrachten: Warum sterben Arten aus? In der Regel nicht deshalb, weil sie unfit und zu langsam waren in der Anpassung an veränderte Verhältnisse. Deutlich wird dies an folgendem Faktum. Von allen Arten, die seit rund 3,5 Mrd. Jahren die Erde bevölkerten, sind rund 99 % ausgestorben. Und das ohne unser menschliches Zutun. Zugleich hat sich die Natur in diesem Zeitraum nicht nur immer weiter und kleinteiliger ausdifferenziert, sondern sie und ihr Ressourcengrundstock sind dabei auch noch gewachsen. Was also hat einzelne Arten aussterben lassen? Zum einen falsche Anreize im innerartlichen Wettbewerb um die besten Gene, etwa dann, wenn Ur-Hirschkühe jenen Hirschen den Vorzug gaben, die ein möglichst großes Geweih hatten. Individuell war es für jeden Hirsch rational und zielführend, das relativ größte Geweih zu schieben. Im Verlauf der Jahrmillionen führte das dazu, dass alle Ur-Hirsche ein Geweih trugen, das jeden von ihnen fluchtunfähig machte. Innerhalb kürzester Zeit wurden sie so Opfer ihrer eigenen Anreizsysteme. Das ist die Darwin-Falle in Reinkultur.

Nicht alle Arten, die ausstarben, tappten in die Darwin-Falle. Ihr Ausscheiden aus der Natur verdankten sie einem anderen Grund: Sie starben aus, weil sie für ihre Umgebungssysteme keinen Mehrwert gestiftet haben. Ökologisch gesprochen werden auf längere Sicht gesehen all jene Arten ausgeschlossen, die keinen Nutzen für das Gesamtsystem stiften oder an ihm Raubbau treiben. An Bienen kann dies veranschaulicht werden. Der Nutzen, den Bienen für ihre Umgebungssysteme stiften, ist weitaus größer als das, was sie an Pollen und Nektar aus den von ihnen bestäubten Blüten für sich herausziehen. Und dieses *Mehrwertprinzip der Bienen* erklärt, weshalb die Natur kontinuierlich gewachsen ist, obwohl 99 % aller Arten ausgestorben sind. *Die Natur ist ein hochdynamischer Verschwendungsprozess, bei dem nur die Arten überleben, die für das Gesamtsystem einen Mehrwert stiften.* Aus diesem Ressourcenüberschuss wächst das System, indem es sich in immer kleinteiligere Subsysteme ausdifferenziert. Und hieraus leiten sich die ***Erfolgsprinzipien ökologischer Systeme*** ab: *Freiheit, Kleinteiligkeit, Vielfalt, Regionalität* und *Mehrwertstiftung.*

Betrachten wir einen Pfau im Amazonasbecken: kein Oberaffe aus der Waldkrone schreibt ihm vor, wie lange sein Federschweif zu sein oder nach welchen Regeln der Kunst er sein Rad zu schlagen hat. Solange der Vogel seine ›Pfauin‹ bezirzen kann, dabei vor Feinden fluchtfähig bleibt und dazuhin für seine Umgebungssysteme einen symbiotischen Nutzen und Mehrwert stiftet, anstatt Raubbau zu betreiben, wird er dort weiter leben können. Und damit erschließen sich die weiteren Erfolgsprinzipien der Natur. Die Natur organisiert sich weniger anhand der Kategorien von Wettbewerb und schonender Ressourcennutzung als vielmehr anhand der Kategorien *Symbiose, verschwenderischer Überfluss* und *mehrwertstiftende Kooperation.* Auch operiert die Natur nicht nach Gesichtspunkten von Wachstumszwang, Skalierbarkeit und Größe. Eine Maus muss nicht zum Hasen mutieren, um überlebensfähig zu bleiben. Es genügt, dass sie bleibt, was sie ist, vorausgesetzt, sie verhält sich gemäß den Erfolgsprinzipien der Natur. Und auch der Nutzen, den die einzelnen Arten stiften, ist, anders als die ökonomische Vision von Erträgen, nicht exponentiell skalierbar. Er bleibt gebunden an das System, in dem er gestiftet wird.

Das Prinzip symbiotischer Nutzenstiftung als Voraussetzung für individuellen Erfolg wiederholt sich auf der Ebene von Ökosystemen. Die stabilsten von ihnen sind nicht jene, in der eine Art alle anderen dominiert und verdrängt, sondern jene, die sich anhand der Erfolgsprinzipien der Natur in immer kleinere Nischen ausdifferenzieren und so einen Überflusskreislauf aktivieren, der das System nährt und wachsen lässt: *Die Natur ist kein geschlossener Kreislauf, bei dem auf schonende Weise knappe Ressourcen erhalten und verteilt werden, sondern eine offene Rückkopplungsschleife wachsender Verschwendung. Sie trägt sich selbst, weil die beteiligten Organismen im symbiotischen Austausch für das System einen Mehrwert stiften, der das System wachsen lässt.*

Die genannten Prinzipien natürlichen Erfolgs weisen den Weg für zukunftsfähige Geschäftsmodelle und zukunftsfähiges Wirtschaften. Nicht Größe, Marktmacht oder Dominanz entscheiden, sondern die Organisation von Kleinteiligkeit, Vielfalt und ressourcenschöpfende Nutzenstiftungen. Zukunftsfähig werden jene Unternehmen sein, die ihre symbiotischen Austauschbeziehungen so organisieren, dass für das Gesamtsystem sowie alle Beteiligten Mehrwerte geschaffen werden.

Aus den Erfolgsprinzipien der Natur leitet sich *die Rechenaufgabe für das große Einmaleins der Unternehmensführung* ab. Sie *setzt die strategischen und operativen Eckpfeiler der Unternehmung neu: An die Stellen von Ego, Ertrag, Knappheit, Nachhaltigkeit, Wettbewerb, Dominanz und Wachstumszwang treten das System, substantielle Nutzenstiftungen, sowie das Schöpfen von Bewusstseinskapital zur symbiotischen Ausgestaltung von Kooperationssystemen, Ressourcenschöpfungs-, Mehrwert- und Überflusskreisläufen* (Abb. 3.1). Dies führt zu Geschäftsmodellen, die sowohl ökonomisch, ökologisch, gesellschaftlich und sozial tragfähig sind.

3.3.3 Das Naturgesetz des Erfolgs: Wertehaltig sein

Verknüpfen wir die Erfolgsformel zukunftsfähiger Unternehmensführung mit den Erfolgsprinzipien der Natur, erhalten wir den Schlüssel für die Zukunftsfähigkeit einzelner Unternehmen. Er lautet:

Be valuable or die!

Werde wertehaltig oder stirb!

Das alte Denken	Das neue Denken
1) Ego	1) System
2) Ertrag (€ / $ / £)	2) substantielle Nutzenstiftung
3) Knappheit	3) Überfluss
4) Wettbewerb	4) Kooperation und Symbiose
5) Dominanz	5) Partnerschaft
6) Größe	6) Kleinteiligkeit und Vielfalt
7) Wachstumszwang	7) Mehrwertstiftung
8) Ressourcennutzung	8) Ressourcenschöpfung
9) Externalisierung	9) Teilhabe und Befähigung

Abb. 3.1 Die Systemlogik zukunftsfähigen Wirtschaftens

„Wertehaltig werden“ bedeutet mehr als Erträge zu erwirtschaften. Es bedeutet zukunftsorientiert zu handeln. Unternehmen handeln zukunftsorientiert, wenn sie nach innen gerichtet eine ethisch tragfähige Unternehmenskultur entwickeln und nach außen gerichtet ein Geschäftsmodell betreiben, das Ressourcen schöpft anstatt sie nur zu nutzen oder gar zu vernichten.

Zukunftsorientierte Unternehmensführung konzentriert sich auf zwei Aufgaben der Werteschöpfung: Organisationsseitig und nach innen gerichtet auf die Entwicklung einer Unternehmenskultur, die das Unternehmen zu einem Hochleistungsteam in der Umsetzung seines Nutzenversprechens macht. Marktseitig und nach außen gerichtet auf die Entwicklung eines Nutzenversprechens, dass dem ethikologischen Prinzip ressourcenschöpfender Mehrwertstiftung verpflichtet ist (Glauner 2016a). *Drei Kriterien* sind hier leitend, die die Erfolgsformel „H_3O_sN“ in die Zukunftsformel „$H_3O_sN^4$“ überführen: erstens das ökonomische und soziale *Teilhabepotenzial,* zweitens das menschliche *Befähigungspotenzial* sowie drittens das ökonomische, soziale und ökologische *Ressourcenschöpfungspotenzial* des Geschäftsmodells (Abb. 3.2).

Ethikologische Geschäftsmodelle orientieren sich sowohl an der Erfolgslogik der Natur als auch an den ethischen Prinzipien eines gedeilichen menschlichen Miteinanders. An die Stelle der ökonomischen Paradigmen von Wettbewerb, Knappheit, Wachstum und Ertrag treten die ethikologischen Paradigmen der Symbiose und der Organisation von Ressourcenschöpfungs- und Mehrwertkreisläufen.

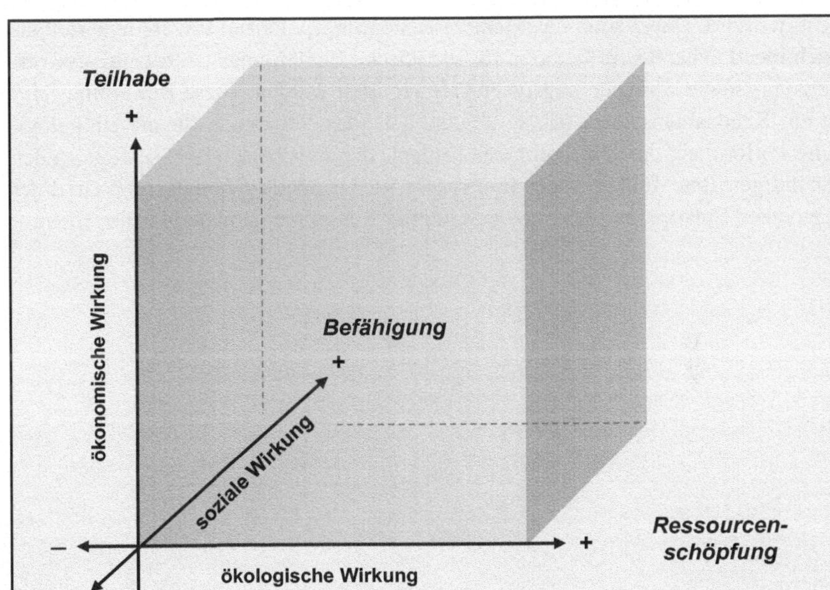

Abb. 3.2 Vektoren ethikologischer Geschäftsmodelle

Anhand von *zwei Wirkungsindizes* werden die Ausrichtung und die erzielte Leistung der ethikologischen Wertschöpfung operativ gemessen: dem *Teilhabe-* und dem *Mehrwertschöpfungspotenzial* eines Geschäftsmodells. Das *Leitkriterium der Teilhabe* ergibt sich aus der Frage, wer aktiv beitragender Teil und im Systems steht und wer außerhalb. Am Beispiel der Kundenbeziehung verdeutlicht, lautet diese Frage: Produziert ein Unternehmen Produkte *für* seine Kunden oder *mit* seinen Kunden? Im ersten Fall stehen die Kunden außerhalb des Systems. Sie sind dann in der Regel Mittel zum Zweck der Absatz- und Ertragsgenerierung. Fertigen Unternehmen dagegen Produkte mit ihren Kunden, sind diese aktiver Bestandteil der Wertschöpfung und Nutzenstiftung und damit Teil des Unternehmenszweckes. Sie stehen dann im System. Ebenso können Lieferantenbeziehungen, Geschäftspartnerbeziehungen sowie alle sonstige Stakeholder-Beziehungen unter dem Kriterium der Teilhabe betrachtet werden. Je mehr Beteiligte in das System integriert werden, desto größer ist sein Teilhabepotenzial. Das *Leitkriterium* der *Mehrwertschöpfung* ergibt sich aus der Frage, wo und auf welche Weise für wen ein Nutzen gestiftet wird. Dabei kann das Mehrwertschöpfungspotenzial sowohl materiell als auch ideell anhand von Kriterien für spezifische Befähigungs-, Ausweitungs-/Vernetzung- sowie Anreicherungspotenziale ermittelt werden. Diese Bewertung führt in ein Kennzahlensystem (siehe Abschn. 4.3), das Messwerte für die ethikologische Performanz des Unternehmens festlegt, darunter beispielsweise Kennzahlen für die gestiftete Teilhabe oder Indexwerte für Diversität (Vielfalt), den Grad der regionalen Entkopplung oder neu geschöpfter Ressourcen und dergleichen mehr.

Wertschöpfungsnetzwerke: Wege zur unternehmerischen Zukunftsfähigkeit

4

Die Herausforderungen, vor denen Unternehmen stehen, haben auch konkrete Zahlen. Exemplarisch an Deutschland verdeutlicht: Im Jahr 2015 zählten gemäß Definition des IfM-Bonn rund 3,5 Mio. und damit 99,6 % aller Unternehmen zu den kleinen und mittleren (KMU). Sie erwirtschafteten rund 2.2 Mrd. € (35,0 % aller steuerbaren Umsätze aus Lieferungen und Leistungen) und beschäftigten rund 16,9 Mio. Menschen (58,5 % aller sozialversicherungspflichtig Beschäftigten).[1]

An diesem *Auseinanderklaffen von Wirtschaftsleistung und gesellschaftlichem Beitrag als Arbeitgeber* wird die Problemlage der meisten Unternehmen deutlich. Aufgrund ihrer geringen Größe fehlen ihnen oft die geeigneten Mittel, notwendige Wertschöpfungspotenziale zu heben. Ausdruck findet dies im *Umsatz* und der *Bruttowertschöpfung je tätiger Person.* Während große und mittlere Unternehmen 354.000 bzw. 169.000 € je beschäftigte Person und Jahr umsetzen und eine Bruttowertschöpfung von 70.000 bzw. 51.000 € erwirtschaften, erzielen kleine und kleinste Unternehmen einen Jahresumsatz von 110.000 bzw. 74.000 € sowie eine Wertschöpfung von 40.000 bzw. 33.000 € pro Beschäftigtem und Jahr. *Im harten Wettbewerb sind es zumeist diese kleinen und mittleren Unternehmen, die mit dem Rücken zur Wand stehen. Wollen sie Wertschöpfungseffekte erzielen wie die Großen, müssen sie sich vernetzen.*

---

[1]http://www.ifm-bonn.org/statistiken/unternehmensbestand.

F. Glauner, *Das zukunftsfähige Unternehmen,* essentials,
https://doi.org/10.1007/978-3-658-22799-9_4

Mehr als Rettich

Die in fünfter Generation geführte **Schamel Meerrettich GmbH & Co.KG** aus Baiersdorf, Franken, beschäftigt gut 50 Mitarbeiter. Zur Absicherung seiner Zukunft hat Schamel die „Schutzgemeinschaft Bayerischer Meerrettich“ ins Leben gerufen. Zusammen mit rd. 100 lokalen Krenbauern, Kren ist die Pflanze, aus der die Meerrettichwurzel gewonnen wird, hat das Unternehmen erwirkt, dass dem „Bayerischen Meerrettich“ das EU-Prädikat „geschützte geographische Angabe (g.g.A.)“ verliehen wurde. Ziel war es, die bayerische Meerrettichkultur mit ihrem regional kleinteiligen Anbau und ihrer besonderen kulinarischen Vielfalt zu schützen. Dabei profitiert die gesamte Herstellungskette. Die im Markt erzielten Preise für zertifizierten bayerischen Meerrettich sind etwa doppelt so hoch wie die Weltmarktpreise. Auch ökologisch und sozial sichert die Schutzgemeinschaft ab, dass die kleinteiligen Strukturen des ökologischen Anbaus erhalten bleibt. Grundlage hierfür ist ein gemeinsam getragenes Werteverständnis, das sich allen ansässigen Anbauern und Produzenten öffnet, die die Werte und Ziele der Schutzgemeinschaft teilen. Mit seinem Fokus auf konsequente Qualität und Mehrwertstiftung ist Schamel 2014 als TOP Marke ausgezeichnet worden. Schon 2007 wurde das Unternehmen zudem als Marke des Jahrhunderts in das Buch „Deutsche Standards – Marken des Jahrhunderts“ aufgenommen. Dort steht Schamel neben Marken wie Mercedes, Lufthansa, Miele oder Persil.

Das Beispiel Schamel verdeutlicht, wie Unternehmen ihre Zukunftsfähigkeit absichern können. *Zukunftsfähig werden sie, wenn sie das heutige Prozessdenken durch ein* ***Systemdenken*** *ersetzen, dass drei übergeordnete Effekte bedient: entkoppelte Ressourcenschöpfungen, tragfähige Mehrwertkreisläufe und multidimensional integrierte Teilhabenetzwerke.*

Als Leitlinien zur Entwicklung zukunftsfähiger Geschäftsmodelle bestimmen diese Kriterien die *zentralen Aufgaben zukunftsfähiger Unternehmensführung:* die Entwicklung eines zukunftsfähigen Nutzenprofils (Abschn. 4.1); die Entwicklung einer zukunftsfähigen Organisations- und Netzwerkkultur (Abschn. 4.2); die Steuerung des unternehmerischen Werteraums als Wertschöpfungsprozess (Abschn. 4.3).

4.1 Nutzenprofile

Wollen Unternehmen die in Abschn. 3.1 hergeleitete Erfolgsformel „$H_3O_sN^4$“ umsetzen, bietet sich das bewährte Instrumentarium der Geschäftsmodell- und Strategieentwicklung an.

4.1.1 Der Weg zur Geschäftsidee

Zukunftsfähige Geschäftsideen ergeben sich aus den heutigen Megatrends (siehe http://www.zukunftsinstitut.de/dossier/megatrends/), wenn diese mit den in Kap. 2 dargestellten Entwicklungen und den in Kap. 3 entfalteten Prinzipien unterlegt und zu einem eigenen Leistungsprofil verdichtet werden.

Im ersten Schritt dieses Verdichtungsprozesses (Findung der Geschäftsidee), werden drei Fragen gestellt (Abb. 4.1):

1. *„Was ist unsere wahre Passion?“*
2. *„Worin können wir die Besten sein?“*
3. *„Was ist der substantielle Nutzen, den wir stiften?“*

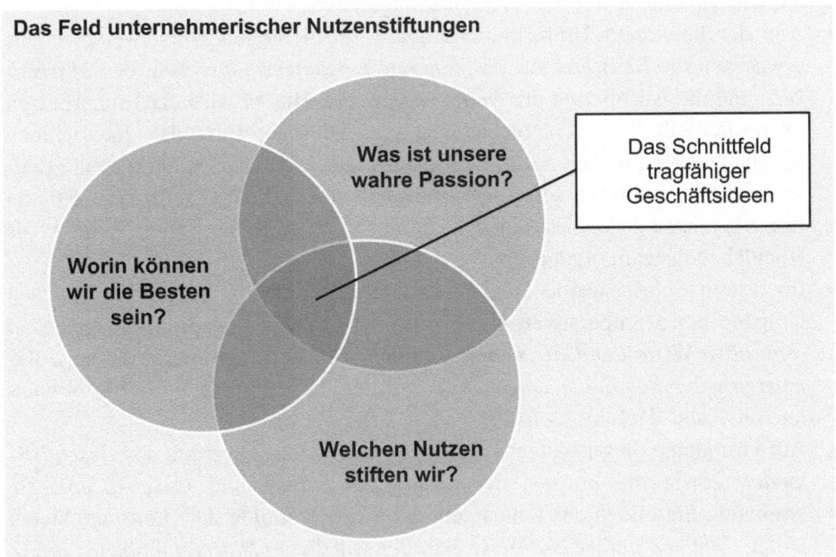

Abb. 4.1 Tragfähige Geschäftsideen

Die Antwort auf die erste Frage liefert den Hinweis, in welchem Bereich unserer Interessen wir bereit sind, mit Kraft und Engagement die „Extrameile" zu gehen. Mit der zweiten beantworten wir, wo wir in unserer Leistung „spitz" aufgestellt sind und unverwechselbar werden. Die Antwort auf die dritte Frage rückt schließlich die Wirkung ins Zentrum, die wir mit unseren Leistungen erzielen wollen.

Eine Geschäftsidee wird nur dann zukunftsfähig sein, wenn sie im Schnittfeld dieser drei Fragen eine tragfähige Lösung für substantielle Probleme und Bedarfe bietet, die sich aus den heutigen Megatrends und Marktumbrüchen ergeben.

4.1.2 Die Entwicklung des Nutzenprofils

Ausgehend von der Geschäftsidee wird im zweiten Schritt das Nutzenprofil des Unternehmens geschärft. Hierzu wird das angestrebte Werteversprechen kaskadenartig in vier Schritten in eine **Wertepyramide** überführt (Abb. 4.2):

- Mit der Frage *„Was ist der Nutzen, den wir stiften?"* wird zunächst der ***substantielle Primärnutzen*** (das *substantielle Nutzenversprechen*) und die *Mission* festgelegt und anhand der beiden Fragen *„Für wen, wo, wie, warum und mit welchen Zielen stiften wir ihn?"* und *„Was wollen wir damit erreichen?"* dann die *Unternehmensziele* und die *Vision* abgeleitet.
- Aus der konkreten Umformulierung des substantiellen Nutzenversprechens erwachsen die ***Leitwerte*** für das *konkrete Leistungsversprechen,* den *Markenkern* und die Ausbildung der *Kernkompetenzen.* Hierzu wird der Primärnutzen in substantielle Werteversprechen übersetzt. Mit ihnen spitzt das Unternehmen sein Nutzenversprechen so zu, dass es unverwechselbar wird. Werden die Leitwerte richtig intoniert, setzen sie „Will haben"- und „Will teilhaben"-Effekte frei. Sie führen dazu, dass sich das Unternehmen im Sinn „wahrer Passion" als Hochleistungsteam organisiert.
- Im dritten Schritt werden die ***Prozesswerte*** für den zwischenmenschlichen Umgang bei der operativen Umsetzung der Organisationsprozesse festgelegt *(operative Werte der Unternehmenskultur).* Die Leitfrage hierzu lautet: *„Wie müssen wir miteinander umgehen, damit unser Nutzenversprechen in optimaler Weise und Wirkung realisiert werden kann?"*
- Auf Grundlage dieser Nutzen- und Werteverständnisse werden das ***Geschäftsmodell*** sowie die Formen der *Leistungserstellung* und *Geschäftsprozesse* erarbeitet. Sie bilden das Fundament der Wertepyramide. Die Leitfrage hierzu lautet *„Wie und auf welche Weise erstellen wir diesen Nutzen und bieten ihn so an, dass wir davon profitabel ›leben‹ können?"*

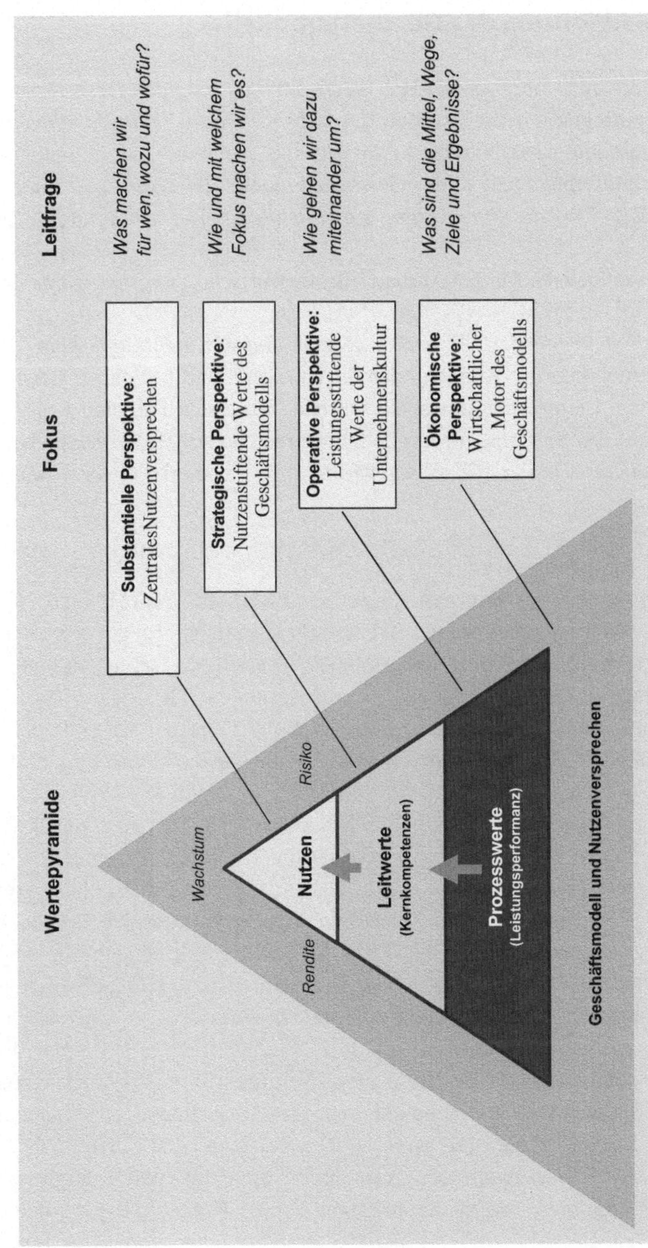

Abb. 4.2 Die Wertepyramide

4.1.3 Die Ableitung des Geschäftsmodells

Um wirklich zukunftsfähig zu werden, ist die Entwicklung des Geschäftsmodells zusätzlich abzutragen auf drei Achsen des ***substantiellen Sekundärnutzens,*** der aus den Unternehmensaktivitäten erwächst: das Teilhabe-, Befähigungs- und Ressourcenschöpfungspotenzial des Geschäftsmodells. *Diese Sekundärnutzen liefern den Schlüssel für die Entwicklung zukunftsfähiger Wertschöpfungsnetzwerke* **(„$H_3O_sN^4$“).**

Die beiden *Leitfragen* für den Aufbau solcher *Wertschöpfungsnetzwerke* lauten:

1. *Wer ist aktiv beitragender Teil und im System und wer steht außerhalb?* Produziert ein Unternehmen mit Kunden oder für Kunden? Und bezieht es Leistungen, die mit oder von Lieferanten entwickelt wurden? Im ersten Fall sind Kunden und Lieferanten Teil des Systems, im zweiten stehen sie außerhalb. *Je mehr Beteiligte im System sind, desto agiler, widerstandskräftiger und zukunftsfähiger wird es sein.*

Wertschöpfungsnetzwerke

Die in Ditzingen bei Stuttgart ansässige **TRUMPF GmbH+Co. KG,** einer der Weltmarktführer für Werkzeugmaschinen, Elektrowerkzeuge und Lasertechnik, setzt trotz der globalen Ausrichtung seiner Geschäftstätigkeit auch auf *Entkoppelungseffekte.* So gründete TRUMPF 2014 eine eigene Bank, um sich von den globalen Finanzmärkten zu entkoppeln. Die Aufgabe der Bank bestehe in erster Linie darin, kleine und mittelständische Kunden beim Kauf von TRUMPF-Anlagen kostenadäquat zu finanzieren. Dies führt zum doppelten Effekt, dass Kunden auch in schwierigen Marktlagen eine tragfähige Finanzierung erhalten und zugleich langfristig an TRUMPF gebunden werden. Die Finanzierungsmöglichkeit stellt dabei lediglich einen weiteren Schritt im Aufbau von partnerschaftlichen Kooperationsnetzwerken dar, da TRUMPF schon seit langem in enger Zusammenarbeit mit seinen Kunden, Lieferanten und Geschäftspartnern Produkte entwickelt, die allen Seiten Vorteile bieten.

Das an der NASDAQ gelistete und in 110 Ländern tätige US-amerikanische Unternehmen **Interface Inc.** ist der Weltmarktführer für hochwertige modulare Bodenbeläge und Teppichböden im Office- und Großgebäudebereich. Die Beläge werden aus Kunststoffen gefertigt. Zur Herstellung des Materials werden umfangreiche Ressourcen an Erdöl und Energie verbraucht. Vor einigen Jahren hat Interface seinen Rohstoffbezug auf eine komplett neue Strategie umgestellt. Diese zielt nicht nur darauf ab, nachhaltige Recyclingprozesse in Gang zu bringen, sondern verfolgt zudem das Ziel, auf lokaler Ebene *ressourcenschöpfende Wirtschaftskreisläufe* zu etablieren. Hierzu hat Interface das Projekt „Net-Works" ins Leben gerufen. „Net-Works" ist ein Teilprojekt der vom Gründer Ray Andersen entwickelten Langfriststrategie „Mission Zero". Sie zielt darauf ab, den kompletten Ressourcenverbrauch von Interface zu 100 % mit recycelten oder erneuerbare Ressourcen abzudecken. Im Rahmen dieser Zielsetzung kauft Interface von lokalen Fischern verschlissene Netze auf, die die Fischer üblicherweise im Meer entsorgen, wo sie dem Ökosystem großen Schaden zufügen. Das Unternehmen nutzt die Netze als Rohstoff für die Herstellung seiner Teppichfliesen und schafft gleichzeitig für die lokale Bevölkerung vor Ort umweltschonende Einnahmequellen. Damit etablieren sich regionale Wirtschaftskreisläufe, die nicht mehr auf Überfischung und Ressourcenraubbau gründen, sondern auf einer Ressourcenschöpfung, die die lokalen Ökosysteme entlastet.

Die international tätige **Dialogue Social Enterprise GmbH** setzt auf *Befähigungsprozesse.* Das in Hamburg ansässige Unternehmen arbeitet mit behinderten Menschen, um die Wahrnehmung seitens nicht behinderter Menschen zu erweitern. Hierbei wird die Behinderung als Befähigung erfahrbar gemacht. So werden beispielsweise im Projekt „Dialogue in the Dark" Besucher in einem lichtlosen Restaurant von Blinden bedient, die die Gäste bewirten. Beim Verzehr des Menus werden so die Rollen beider komplett vertauscht und neue Erfahrungsräume für beide eröffnet. Auch dieses befähigungsorientierte Geschäftsmodell trägt sich ökonomisch höchst erfolgreich, indem es multidimensionalen Nutzen und Mehrwerte stiftet.

2. *Wie und mit welchen Mitteln können innerhalb des Wertschöpfungsnetzwerkes Mehrwerte geschaffen werden, die das gesamte Netzwerk stärken?* Ein Beispiel hierfür sind ***degressive Preismodelle.*** Sie leiten Leverage-Effekte weiter und stiften so auf allen Ebenen des Wertschöpfungsnetzwerkes *Mehrwerte.* Nehmen wir eine Software, deren Entwicklung 100 T€ kostete und die bei Einsatz von 1000 Nutzern und einer Lizenzgebühr von 100 € p. a. sich nach einem Jahr amortisiert. Über verschieden Reduktionsmechanismen können hier Leverage-Effekte in das System eingespeist werden. Nach der Amortisation der Entwicklungskosten könnte die Software für deutlich geringere Lizenzgebühren verrechnet werden. Erhöht sich zudem die Basis der Nutzer, könnten Teile der erzielten Skaleneffekte

zur zusätzlichen Reduktion der Lizenzgebühr eingesetzt werden. Das führt dazu, dass alle im Netzwerk mehrfach profitieren. Erstens durch den Einsatz der Software (Primärnutzen), zweitens durch degressive Lizenzgebühren, die zu Kostenoptimierungen und Wettbewerbsvorteilen bei den Nutzern führen (Mehrwert). Sie haben deshalb Interesse, dass die Software kontinuierlich verbessert wird und weitere Verbreitung findet. Dies führt dazu, dass das Wertschöpfungsnetzwerk wächst und alle darin gestärkt werden (Sekundärnutzen). *Je mehr wechselweise Mehrwerte und Sekundärnutzen im System gestiftet werden, desto leistungsstärker, widerstandskräftiger und zukunftsfähiger wird das Netzwerk.*

4.2 Organisations- und Netzwerkkultur

Die Entwicklung zukunftsfähiger Geschäftsmodelle erfordert nicht nur ein verändertes Nutzenverständnis, sondern auch eine veränderte Führungs- und Organisationskultur. Diese zielt auf die Vernetzung von Hochleistungsteams sowie die umfassende Befähigung aller Beteiligten ab (Abb. 4.3).

Zukunftsfähige Organisations- und Netzwerkkulturen aktivieren die zwischenmenschliche Dimension geteilter Werte so, dass der Nutzen, den das Unternehmen stiftet, sich in der Organisations- und Netzwerkkultur spiegelt.

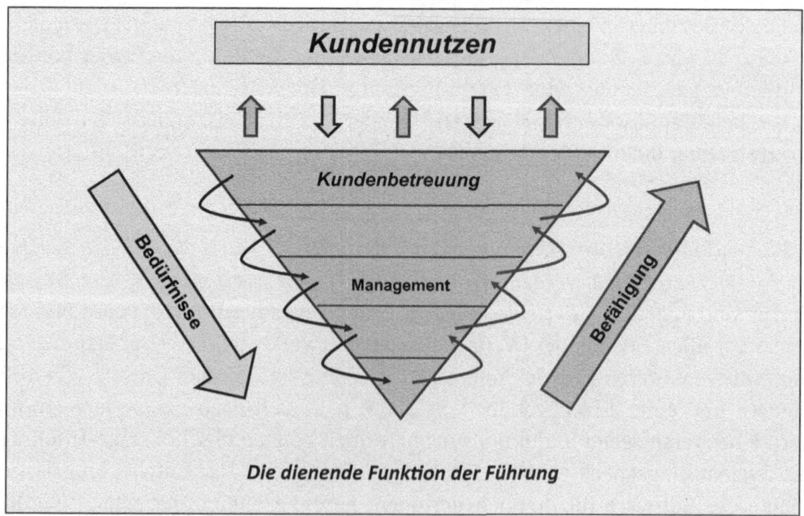

Abb. 4.3 Führung als Befähigungsprozess

No titles, no ranks

W. L. Gore & Associates ist mit über 9500 Mitarbeitern (Associates) in 30 Ländern tätig und in diversen Segmenten der Membran-, Filter- und Fasertechnik Marktführer. Erzielt wurde diese Position durch eine einzigartige Organisationsform. Innerhalb der einzelnen Geschäftseinheiten gibt es keine festgeschriebenen Hierarchien (ranks) und Zuständigkeiten (titles), sondern ausschließlich gleichberechtigte Associates. Diese organisieren sich selbst. Hierzu suchen sie sich Aufgaben, die sie in ihre Einheit einbringen. Wird das Angebot angenommen und nachgefragt, übernimmt die Person die Aufgabe. Führungsaufgaben werden nach demselben Prinzip vergeben. Eine Person erhält Führungsfunktionen, wenn sie über „followers" verfügt, die sich im infrage kommenden Bereich von ihr befähigen lassen wollen. Mit dieser Organisationsstruktur haben die Associates einer Geschäftseinheit variable Aufgaben, die sie nach persönlicher Expertise und Unternehmensbedarf erfüllen.

Diese Organisationsform von Gore ist der Kern des Unternehmenserfolgs: Gore organisiert sich nach dem Prinzip „Durchlässigkeit". Als Nutzenkategorie prägt dieses Prinzip nicht nur das Produktportfolio, sondern auch die Organisation selbst.

4.3 Steuerungssysteme (Das Wertecockpit)

Erkennen Unternehmen, dass der unternehmerische Werteschöpfungsprozess ihr zentraler Wertschöpfungsprozess ist und nur er ihre Zukunftsfähigkeit absichert, dann begreifen sie, dass dieser Prozesses ein anderes Messinstrument benötigt als die üblichen Kennzahlensysteme (z. B. Balanced Score Card, EFQM). Dieses ganzheitliche Messinstrument ist das *Wertecockpit* (Glauner 2016b). An erster Stelle misst es die vom Unternehmen erzielten primären und sekundären Nutzeneffekte sowie die Entwicklung des im Unternehmen wirkenden Bewusstseins-, Sozial- und Wertekapitals und erst an zweiter die Kennzahlen der unternehmerischen Ertrags- und Leistungsrechnung.

In Form von Treiberlandkarten spannt das Wertecockpit den Werteraum des Unternehmens so auf, dass ersichtlich wird, welche Faktoren auf welche Leistungswerte einzahlen, die das Unternehmen zukunftsfähig machen (Abb. 4.4).

Das zentrale Augenmerk des Wertecockpits richtet sich auf die Unternehmenswerte als zentraler Treiber des Erfolgs. Im Sinn einer *ethikologischen*

Leistungsrechnung werden hier die qualitative und quantitative Erfüllung des Nutzenversprechens (Primärnutzen, Mehrwertstiftungen, Sekundärnutzen, Gesamtwertschöpfung des Wertschöpfungsnetzwerkes) sowie die Treiber (Leistungsbedingungen) dieses Wertschöpfungsprozesses gemessen: die Werte der Unternehmenskultur (das Wertekapital) sowie das im Unternehmen wirkende Sozial- und Bewusstseinskapital.

Flankiert wird die ethikologische Leistungsrechnung durch zusätzliche Kennzahlen, mit denen die operative und finanzielle Unternehmensleistung gemessen wird:

- *marktseitig* etwa Kennzahlen zur Kundenzufriedenheit und -fluktuation;
- *produktionsseitig* Kennzahlen zum Deckungsbeitrag, der Betriebsleistung und der Qualität von Produkten und Prozessen;
- im Bereich der *internen Kosten- und Leistungsrechnung* z. B. die Pro-Kopf-Leistung und Pro-Kopf-Wertschöpfung sowie sonstige Mitarbeiterkennzahlen (z. B. Zufriedenheit und Fluktuation);
- *finanzseitig z. B.* der Ebit, Cash-Flow, Return on Invest (RoI) und die Kapitalrentabilität;
- *unternehmensübergreifend* schließlich geschäftsspezifische Kennzahlen etwa zu möglichen Risiken.

Für alle diese Kennzahlen gelten folgende Abhängigkeiten:

1. In der *Finanzperspektive* sind der Nutzen (grüner Bereich) und die Organisation (blauer Bereich) Treiber der Ertragsschöpfung
2. In der *Unternehmens W E R T perspektive* sind Finanzen (rot)/Produktivität (blau)/Wertschöpfung (grün) Ergebnisse der unternehmerischen Wertestiftung (grün)
3. In der *Unternehmens W E R T E perspektive* sind Finanzen (rot)/Produktivität (blau)/Wertschöpfung (grün) Mittel um Nutzen (grün) und Mehrwerte (grün) zu stiften
4. In der *Unternehmens W E R T E perspektive* ist die zentrale Wertschöpfung des Unternehmens der Prozess der Werte-, Nutzen- und Mehrwertstiftung (grün)

Das Wertecockpit ist so das Instrument, mit dem der zentrale Wertschöpfungsprozess des Unternehmens klar und transparent gesteuert werden kann.

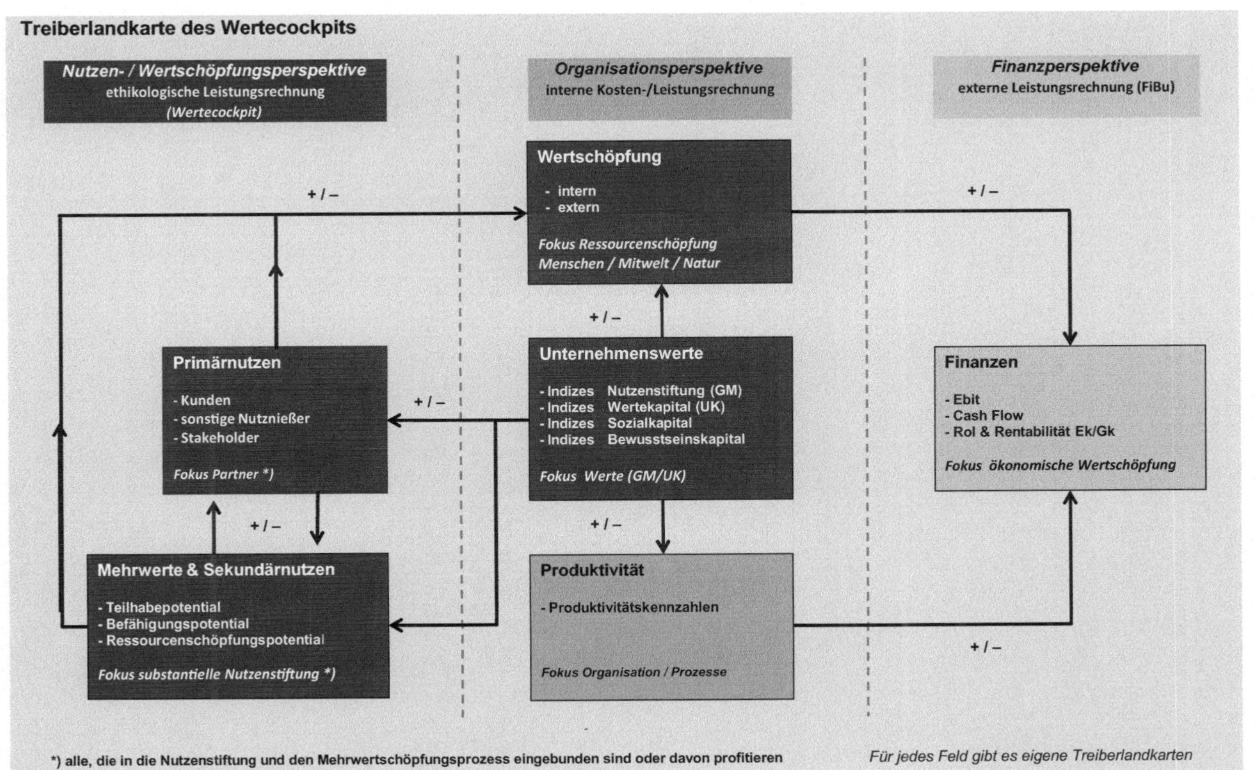

Abb. 4.4 Das integrierte Wertemanagement zukunftsfähiger Geschäftsmodelle

5 Zusammenfassung

Die ethikologischen Axiome zukunftsfähiger Geschäftsmodelle

1. Unternehmen sind Kooperationssysteme. Menschen gründen sie, um mit Menschen für Menschen einen Nutzen zu stiften, den einer alleine nicht erzeugen kann. Dies begründet die *Notwendigkeitsformel* der Unternehmung: $\mathbf{H_3O}$ „Humans with Humans for Humans in need of Organisation".
2. Jedes Kooperationssystem ist ein Raum, der sich über Werte organisiert: das Nutzenversprechen und die Organisationskultur. Passen beide zusammen und zum Umgebungssystem, stärken sie das Unternehmen. Passen sie nicht, schwächt es seine Erfolgs- und Entwicklungsfähigkeit.
3. Unternehmen sind erfolgreich, wenn sie einen substanziellen Nutzen stiften, der trägt. Dies begründet die *Erfolgsformel* der Unternehmung: $\mathbf{H_3O_sN}$.
4. Ertrag und Erfolg sind die Folge einer Nutzenstiftung, die sich nicht mit Ertrags- und Erfolgskennzahlen messen lässt.
5. Die unternehmerische Nutzenstiftung ist die Grundlage für Wertschöpfung. Wertschöpfung gründet in Werteschöpfung! Unternehmerische Werteschöpfung ist der Kernwertschöpfungsprozess jedes Unternehmens.
6. Der Wertschöpfungsprozess der Werteschöpfung kann mit den Mitteln des Wertecockpits transparent und wirksam gesteuert werden.
7. Unternehmen sind zukunftsfähig, wenn sie ihre Werteschöpfungs- und Nutzenstiftungsprozesse so organisieren, dass auf allen Ebenen der Unternehmung und der Umgebungssysteme Mehrwerte gestiftet sowie mehr Ressourcen geschöpft als verbraucht werden. Dies begründet die *Zukunftsfähigkeitsformel* der Unternehmung: $\mathbf{H_3O_sN^4}$.

F. Glauner, *Das zukunftsfähige Unternehmen*, essentials,
https://doi.org/10.1007/978-3-658-22799-9_5

Stimmen zum Werk des Autors bei Springer

Zur Ethikologie und zukunftsfähigen Geschäftsmodellen:

„Er entfaltet mit unternehmerischem Sachverstand, wie Unternehmen durch ihre Wertestrategien strategische Wettbewerbsvorteile aufbauen und gleichsam zu einer ganzheitlichen Mehrwertstiftung beitragen können."

Michael Hilti, Hilti AG

„... (der) Versuch, durch die Einführung eines grundlegend anderen strategischen Denkansatzes den Gegebenheiten einer globalisierten Welt Rechnung zu tragen ..."

Henner Klein, Chairman Emeritus A.T. Kearney

„...begründet ein neues Paradigma zukunftsfähigen Wirtschaftens, das Paradigma der Ethikologie. Es ersetzt die Vorstellungen von Wettbewerb, Knappheit und Wachstum durch Strategien und Geschäftsmodelle, die auf Ressourcenschöpfung, Mehrwertkreisläufen und symbiotischen Anreicherungen beruhen, entsprechend der Bewusstseinsökonomie, die es beschreibt ..."

Hunter Lovins, President and Founder of Natural Capitalism Solutions, Professor of Sustainable Management at Bard MBA, Member of the Executive Committee of the Club of Rome

„... ein neues Paradigma für Strategien und Geschäftsmodelle, das die gegenwärtigen Abwärtsspiralen aus Disruption, Konzentration und Ressourcenraubbau durchbricht ..."

Michael Pirson, Associate Professor, Director Center for Humanistic Management, Fordham University and Research Fellow, Harvard University

F. Glauner, *Das zukunftsfähige Unternehmen*, essentials,
https://doi.org/10.1007/978-3-658-22799-9

„… nichts Geringeres, als die Grundlagen des Wirtschaftens neu zu denken. Es zielt ab auf eine Neuformulierung der Prinzipien einer freien und sozialen Marktwirtschaft im Zeichen globalisierter Wirtschaftskreisläufe.“

Prof. Dr. René Schmidpeter, Cologne Business School

„Das Buch stellt sich mitten in die Subduktionszone zwischen alte und neue Realität. Es ist beides: eine Analyse des Paradigmenwechsels und Streitschrift.“

Dr. Martin R. Stuchtey, Director of the McKinsey Center for Business & Environment

„… fundierte Analysen und innovative Lösungsansätze. Besonders wichtig ist dabei seine Betonung eines feien, verantwortlichen Unternehmertums …“

Prof. Dr. Maximilian Gege, Vorsitzender der Bundesdeutscher Arbeitskreis für Umweltbewusstes Management B.A.U.M. e. V.

Zur Wertecockpits:

„… eine exzellente Anleitung für unternehmerisches Handeln.“

Dr. Kurt Schmalz, geschäftsführender Gesellschafter J.Schmalz GmbH

„… entwickelt Neuland, indem es darauf hinweist, dass Werte genauso systematisch gesteuert werden können, wie jedes andere zentral bedeutsame Asset …“

Rebecca Henderson, John and Natty McArthur Professor, Harvard University

„… eine äußerst bedeutende und klare Erklärung der Rolle der Unternehmenskultur … reich an anwendbaren Instrumenten, Einsichten und guten Beispielen …“

Richard J Hill IV, Gründer, Gabriel Consulting Group, LLC

„… entwickelt die grundlegenden Einsichten von Jim Collins zum Aufbau herausragender Unternehmen einen Schritt weiter …“

Julian Clarke, Chartered Accountant and Management Consultant, European Business Ethics Network Ireland

„… eine knappe und brillante Anleitung, die die Bedeutung der Entwicklung von Werten für eine nachhaltige Unternehmensführung vor Augen führt …“

Prof. Dr. Haifeng Huang, Assistant Dean, Peking University HSBC Business School, Shenzhen, China

„… macht die wertvolle Anstrengung, den Wert von Werten im Kontext des operative Managements zu erklären …“

Prof. Dr. Ulrich Hemel, Direktor. Institut für Sozialstrategie

„… weist auf bewundernswerte Weise die fatalistische Interpretation der unmoralischen Macht der Märkte zurück …“

Prof. Dr. Claus Dirksmeier, Direktor, Weltethos-Institut der Eberhard Karls Universität Tübingen

„Aus der Unternehmenspraxis kommend beschreibt das Buch eindrücklich die Stellschrauben, mit denen der Erfolg aller langfristig weit überdurchschnittlich erfolgreichen Unternehmen erklärbar wird.“

Prof. Dr. Arnold Weissman, Geschäftsführer **Weissman & Cie. GmbH & Co. KG International Management Consultants**

Literatur

Akerlof, George A. and Robert J. Shiller (2015): *Phishing for Phools. The Economics of Manipulation and Deception.* (Princeton University Press) Princeton, Oxford.

Badura, Bernhard und Wolfgang Greiner, Petra Rixgens, Max Ueberle, Martina Behr (2013): *Sozialkapital. Grundlagen von Gesundheit und Unternehmenserfolg.* (Springer) Berlin/Heidelberg, 2. erw. Aufl.

Bryan, Lowell and Diana Farrell (1996): *Market Unbound: Unleashing global Capitalism.* (John Wiley & Sons) New York

Brynjolfsson, Erik and Andrew McAfee (2014): *The Second Machine Age. Work, Progress, and Prosperity in a Time of Brilliant Technologies.* (Norton) New York/London.

Commerzbank (2015): *Management im Wandel. Digitaler, effizienter, flexibler!* (Commerzbank AG) Frankfurt/Main

Gallup (2015): „Presseerklärung Engagement Index 2014" http://www.gallup.com/de-de/181871/engagement-index-deutschland.aspx

Glauner, Friedrich (2016a) *Zukunftsfähige Geschäftsmodelle und Werte. Strategieentwicklung und Unternehmensführung in disruptiven Märkten.* (Springer-Gabler) Berlin/Heidelberg

Glauner, Friedrich (2016b) *CSR und Wertecockpits. Mess- und Steuerungssysteme der Unternehmenskultur.* (Springer-Gabler) Heidelberg/Berlin, 2. stark erweiterte Auflage.

Glauner, Friedrich (2017a) Strategien der Exzellenz. Wertestrategien zu den Wettbewerbsvorteilen von morgen. in: Wunder, Thomas: *CSR und Strategisches Management.* Springer. Berlin, Heidelberg: 341–363/https://doi.org/10.1007/978-3-662-49457-8_18

Glauner, Friedrich (2017b) Ressourcenschöpfende Mehrwertkreisläufe. Die Logik zukunftsfähiger Geschäftsmodelle. in: Bungard, Patrick: *CSR und Geschäftsmodelle.* Management-Reihe Corporate Social Responsibility. (Springer) Berlin/Heidelberg: 57–100/https://doi.org/10.1007/978-3-662-52882-2_4

Glauner, Friedrich (2018a) Egomanie, Gier und Moral: das (dys)funktionale Spannungsverhältnis von Familien-, Unternehmer- und Unternehmenswerten. in: Reinhard Altenburger (Hg.) *CSR und Familienunternehmen.* (Springer) Berlin-Heidelberg: 69–101/https://doi.org/10.1007/978-3-662-55618-4_5

Großklaus, Rainer H.G. (2015): *Positionierung und USP. Wie Sie eine Alleinstellung für Ihre Produkte finden und umsetzten.* (SpringerGabler) Wiesbaden 2. Auflage.

F. Glauner, *Das zukunftsfähige Unternehmen*, essentials,
https://doi.org/10.1007/978-3-658-22799-9

ING-Diba-Bank (2015): "Machines can replace 18 million workers", in: DIE WELT, 02 May 2015, http://www.welt.de/wirtschaft/article140401411/Maschinen-koennten-18-Millionen-Arbeitnehmer-verdraengen.html

Keynes, John Maynard (1923): *A Tract on Monetary Reform,* London (Macmillan)

Kocic, Aleksandar (2015): Work crisis – a divided tale of labour markets, In: Deutsche Bank Konzept. Reflections on unusual issues. June 2015, p. 46–53; https://www.dbresearch.de/PROD/DBR_INTERNET_DE-PROD/PROD0000000000357626/Konzept+Issue+05.pdf

Küng, Hans (1990): *Projekt Weltethos* (Piper) München/Zürich 12. Aufl. 2010

Küng, Hans (2012): *Handbuch Weltethos. Eine Vision und ihre Umsetzung.* (Pieper) München, Zürich.

Motesharrei, Safa, Jorge Rivas, Eugenia Kalnay (2014): *Human and Nature Dynamics (HANDY): Modeling Inequality and Use of Resources in the Collaps or Sustainability of Societies.* In: Ecological Economics. Vol. 101, May 2014, p. 90–102, https://doi.org/10.1016/j.ecolecon.2014.02.014

Ostrom, Elinor (2000): *Social Capital: A Fad or a Fundamental Concept.* In: Dasgupta Partha, Serageldin, Ismail (Eds) Social Capital. A Multifaceted Perspective. (The World Bank) Washington p. 172–214.

Ries, Al and Jack Trout (1986): *Positioning – The Battle for Your Mind.* (McGraw-Hill) Columbus

Sennett, Richard (2007): *Die Kultur des neuen Kapitalismus.* (Berlin Verlag) Berlin 2007.